The Reasons of Love

爱之理由

985工程三期跨文化研究"翻译馆"项目

当代外国人文学术译丛

主 编：
  庞学铨　范捷平

学术委员（按姓氏笔画排序）：
  马博森　（浙江大学外语学院）
  刘北成　（清华大学历史系）
  吴　笛　（浙江大学人文学院中文系）
  沈　坚　（浙江大学人文学院历史系）
  应　奇　（浙江大学人文学院哲学系）
  陆建德　（中国社会科学院外文研究所）
  顾曰国　（中国社会科学院语言研究所）
  高　奋　（浙江大学外语学院）
  黄厚明　（浙江大学人文学院艺术系）
  韩水法　（北京大学哲学系）
  缪　哲　（浙江大学社会科学研究院）
  Offried Höffe（德国图宾根大学）

编辑部：
  庞学铨　范捷平　瞿海东
  王志毅　郭国良　李张林

启真馆 出品

当代外国人文学术译丛

爱之理由

[美] 哈里·G.法兰克福　著

应　奇　贺敏年　译

ZHEJIANG UNIVERSITY PRESS
浙江大学出版社

总　序

　　改革开放以来，国内人文科学领域的研究人员与一些出版社通力合作，对当代外国人文学科的发展给予了较多关注，以单本或丛书或原版影印等多种形式，引进、译介了不少有影响的研究成果，内容涉及文学、历史、哲学、语言学、艺术学、宗教学、人类学等各个学科，对促进国内学界和大众解放思想、观念转变、学术繁荣起了不言而喻的巨大作用。以当代外国语言学为例，其理论发展迅速，新的理论和研究范式不断涌现。目前国内在引进原版著作方面做得较好，外语教学与研究出版社、上海外语教育出版社、北京大学出版社、世界图书出版公司等先后引进了一批重要的语言学著作。相对于原版引进，译介虽有些滞后，但也翻译出版了不少重要的语言学著作，其中包括一些有广泛影响的当代语言学著作。如，20世纪80年代初，商务印书馆翻译出版了一批经典语言学著作，90年代中国社会科学出版社翻译出版了"当代语言学理论丛书"；近年来，上海教育出版社出版的"西方最新语言学理论译介"丛书，复旦大学出版社的"西方语言学经典教材"丛书，商务印书馆的"语言规划经典译丛"，北京大学出版社的"博雅语言学译丛"，浙江大学出版社的"语言与认知译丛"，世界图书出版公司的"外国语言学名著译丛"、"应用语言学研究译丛"等，都是这方面的成果，总的来看，这些丛书的组织出版大多起步不久，所出书籍种类也相对较少，仍有大量重要的当译之作需要逐步译介。其他当代人文学科的引进、译介情况也大体如此；而有些学科或某一领域，国内学界翻译、研究的注意力和兴趣点，主要集中于该学科该领域的少数几位理论活动在 20 世纪中期以前的著名思想家、理论家，在极大推进对这些伟大思想家的译介、研究的同时，也有意无意地使当代一些开始产生广泛影响的思想家离开了关注的视野。事实上，20 世纪中后期，特别是六七十年代以来的几十年间，当代外国人文科学各学科领域的研究都极大地向前推进和深入了，产生了许多重要的新理论、新思想，出现了不少有国际影响的著名学者。对这些学者及其著作和思想，除了极少数人以外，我国人文科学界关注不多，翻译很少，研究几乎还是空白。选择若干位目前在国际上已经产生重要影响的当代人文学科各领域的思想家、理论家，翻译他们的代表著作，以期引起国内学界的重视，进一步拓宽国内人文学科的研究视野，对于推动我们对外国人文科学研究的进一步深入，促进跨文化研究的有效开展，提升年轻人文学者的翻译和研究水平，应该是有意义、有价值的。

　　在西方文化传统中，人文学科的概念和范围经历了长期的变化。早期古代希腊时期，人和自然是一个整体，科学也没有分化而是真正意义上的综合。亚里士多德区分了理论、实践和创制三种科学，提出三者之间的一些差异，但并没有明确将人文科学、社会科学和自然科学区分开来。后来所谓的"人文学"（humanitas）概念，据说最早由古罗马的西塞罗在《论演讲家》中提出来的，作为培养雄辩家的教育内容，成为古典教育的基本纲领，并由圣奥古斯丁用在基督教教育课程中，于是，人文学科被作为中世纪学院或研究院设置的学科之一。中世纪后期，一些学者开始脱离神学传统，反对经院哲学，从古希腊、古罗马的古典文化遗产中研究、发掘出一种在他们看来是与传统神学相对立的非神学的世俗文化，并冠以 humanitas（人文学）的称呼。大约到16 世纪，"人文学"一词有了更广泛的含义，指的是一种针对上帝至上的宗教观念、主张人的存在与人的价值具有首要意义、重视人的自由本性和人对自然界具有优先地位的文化观念和文化现象，从事人文学研究的学者于是被称为人文主义者。直到 19 世纪，西方学者才用"人文主义"一词来概括这一文化观念和文化现象，形成了我们通常所谓的人文主义思潮。近代实验科学的发展也导致和促进了学科的分化与形成，此后，人文学科逐渐明确了自己特殊的研究对象，成为独立的知识领域，有了自己特殊的研究对象。但这样的研究对象，其分界也只是相对清晰和明确。美国国会关于为人文学科设立国家资助基金的法案规定："人文学科包括如下研究范畴：现代与古典语言、语言学、文学、历史学、哲学、考古学、法学、艺术史、艺术批评、艺术理论、艺术实践以及具有人文主义内容和运用人文主义方法的其他社会科学。"[①]欧盟一些主要研究资助机构对人文科学的范畴划分略有不同。欧洲科学基

---

① 《简明不列颠百科全书》第 6 卷，"人文学科"条目，北京：中国大百科全书出版社，1986 年，第 760 页。

金会认为人文科学包括：人类学、考古学、艺术和艺术史、历史、科学哲学史、语言学、文学、东方与非洲研究、教育、传媒研究、音乐、哲学、心理学、宗教与神学；欧洲人文科学研究理事会则将艺术、历史、文学、语言学、哲学、宗教、人类学、当代史、传媒研究、心理学等归入人文科学范畴。按照我国现行高等教育的学科划分，人文科学主要包括文学、历史、哲学、语言学、艺术学、宗教学、人类学等，社会学则在哲学与法学间作两可选择。当代人文科学的研究与发展已出现了各学科之间彼此交叉、相互渗透的趋势，意识与认知科学、文化学等便是这一趋势的产物。

　　按照上述对人文学科基本范畴的理解，考虑到目前国内对当代外国宗教学著作已有大量译介等原因，本译丛选译的著作，从所涉学科上说，主要是语言学（以英语、德语著作为主）、文学、哲学、史学和艺术学（含艺术史）等，同时收入一些属于人文科学又跨越具体人文学科的著作；从时间跨度上，主要限于第二次世界大战结束后出版的著作，个别在此前出版、后来修订并产生重要影响的著作，也在选译之列。原则上，一位作者选译一本著作，个别有特别影响的可以例外；选译的全部著作，就我们的初衷而言，都应是该学科领域具有代表性的理论著作，而非通常意义上的畅销书，当然，能兼顾学术性与通俗性，更是我们所希望的。

　　本译丛将开放式陆续出版。希望它的出版，对读者了解国外人文学科的发展现状与趋势、关注人文精神培育与养成、倡导学术阅读与开放意识、启发从多重视角审视古今与现实、激起追问理论与现实问题的激情，获得领悟真善美的享受，能有所助益。

　　由于我们的视野和知识所限，特别是对所选译的著作是否符合设计本译丛的初衷，总是心存忐忑，内容表达不甚准确、翻译措辞存在错讹也在所难免，因此，更希望它的出版能得到学界专家同仁和广大读者的批评指教，成为人文学科译介、研究园地中一棵有生命力的小树，在大家的关心与呵护下茁壮成长。

庞学铨

2011 年 6 月　于西子湖畔浙江大学

Contents

目　录

第一部分　问题："我们怎样生活？"

一

　　哲学开始于惊奇（wonder），这是柏拉图和亚里士多
德的权威教导。人们惊奇于他们感到惊奇的各种自然现象。
他们也对突然出现在他们思想过程中的非常难缠的逻辑的、
语言的、概念的问题感到困惑。作为这种使他感到惊奇的
例子，苏格拉底提到了这样的事实：一个人有可能变得比
另一个人矮，而又无须减轻体重。苏格拉底何以会不安于
这种肤浅的悖论，我们也许会对此感到惊奇。显然，相
对于我们而言，这个问题对他来说不但是更为有趣的，而
且是更为重要的和令人困扰的。实际上，在谈到诸如此类
的问题时，他感叹道："一想到它们，我有时就感到头晕

眼花。"①

　　亚里士多德提供了一个清单，里面列举了使第一位哲学家感到惊奇的那类事物的若干更有说服力的例子。他提到了自动的牵线木偶（显然希腊人有这种东西！）；他提到了某些宇宙和天文现象；而且他还提到了正方形的边与对角线是不可公度的这一事实。仅仅用"令人困惑的"来描述这些事情确实不太恰当。它们是令人震惊的，它们是令人惊叹的。它们激起的反应必定比单纯的——如亚里士多德所谓的——"惊讶于事情原来如此"②来得更为深刻，也更令人不安。它必定与神秘、不可思议以及敬畏之感产生共鸣。

　　这些最早的哲学家们是在试图探索宇宙的奥秘，还是仅仅在试图解决如何清楚地思考某些十分平常的事实，或者如何精确地表达某种平凡的观察，在谈到这一点时，亚里士多德认为他们的探究没有进一步的和更多的实际目标。他们迫切地想要克服他们的无知，但这不是因为他们认为

---

① *Theaetetus* 155d.
② 本章所有关于亚里士多德的引述均来自其 *Metaphysics* 982–983.

自己需要这种信息。事实上，他们的抱负仅仅是思辨的或理论的。他们只是想要驱除对于事物之所以如此的最初的惊讶，办法是发展一种合理的理解，说明为什么它们是任何另外的样子就是不自然的，甚至是不可能的。当某物只不过是在预期中，这一点变得清楚时，它最初可能引起的任何惊奇感就消散了。正如亚里士多德在谈到直角三角形时所说的，"对于一个几何学家来说，没有比对角线原来是可公度的更为令人惊奇的了"。①

我在这里关心的问题首先是相当典型地困扰着人类的某些不安和纷扰。它们既与由逻辑困难导致的不安和纷扰的种类（例如，由苏格拉底提到的）不同，也与在回应类似那些在亚里士多德的清单上的世界的特征时容易出现的不安和纷扰不同。它们是更为实际的，而且由于它们与我

---

① 这里亚里士多德显然意指毕达哥拉斯定理。关于其有一则逸事。正当毕达哥拉斯投入自己的研究时，他被这样一个简单易懂同时又需严格阐明的事实所深深震撼：2 的平方根不是一个有理数。他对这一按亚里士多德所说的"甚至无法用最小单位加以衡量的"东西深感惊异。除了数学家之外，毕达哥拉斯还是一个宗教团体的领导人。他深受自己的发现触动——通过揭示出数学实在的神秘的无理特性——以至于他让自己的学生献祭了 100 头牛。自此，每当发现一个有力的新理论时，牛就会浑身颤抖。

们试图合理地安排生活的关切密切相关，因而也更为迫切。迫使我们去探究它们的不是无利害的好奇心，或困惑，或惊奇，或敬畏感。它完全是另一种精神苦恼：一种恼人的焦虑或不安。在思考这些事物时我们遇到的困难有时也许使我们头晕目眩。然而它们更有可能使我们感到困惑、不安和对自己不满。

　　本书所处理的问题与日常的生活行为有关。它们以这样或那样的方式与一个既是终极的又是最初的问题相关，这就是一个人应当如何生活的问题。毋庸赘言，这并不是一个只有理论或抽象兴趣的问题。它与我们具体相关，而且是以一种非常个人化的方式。我们对它的回答直接又广泛地影响我们自己如何行动——或者至少是影响我们如何计划这样做。也许更重要的是，它影响我们怎样体验我们的生活。

　　当我们去理解自然世界时，我们这样做至少有希望使我们能够在其中更为自在地生活的目的。只要我们理解我们周围的环境，我们在世界上就会更自在。另一方面，在我们解决我们应当怎样生活的问题的尝试中，我们所希望的是一种与我们自己更为亲密无间的关系。

二

　　与一个人应当怎样生活有关的哲学问题属于实践推理的一般理论的领域。"实践推理"这个术语是指慎思的若干种类中的任何一种，人们在这种慎思中努力决定做什么，或者从中去评价已经做的事。在这些种类中有的把焦点特别集中在道德评价问题上。这种实践推理自然得到了哲学家和其他人的广泛关注。

　　对我们来说，理解道德原则的要求是什么，它们赞成什么，禁止什么，这无疑是重要的。毋庸赘言，我们需要认真地对待道德考虑。然而在我看来，道德在指导我们的生活上的重要性容易被夸大。道德对塑造我们的偏好和指导我们的行为的相关性比通常假定的要少，在我们应当珍视什么和应当如何生活这两方面，我们需要知道什么，它所发挥的作用也比通常假定的要少。它也是较少权威性的。即使当它在确实有相关的东西要说的情况下，它也并不必然具有最终的决定性。考虑到我们对合理地安排我们生活中那些规范上有意义的方面的兴趣，道德规约与我们通常被鼓励去相信的相比，既更少地全面切题，又有更少的确定性。

　　道德谨严的人仍会由于性格或素质上的缺陷而去过有
理性的人不会自主地选择去过的那种生活。他们也许会有
人格上的缺陷和不足，这些虽然与道德没有任何关系，但
却使他们不可能过上好的生活。例如，他们可能情感上浅
薄轻浮，或者萎靡不振，或者习惯于优柔寡断。在他们确
实积极地选择和追求某些目标的程度上，他们可能会让自
己献身于如此了无生趣的抱负，从而使他们的经验如此
枯燥乏味。于是，他们的生活极其平庸和空虚，而且不
管他们自己是否认识到这一点，他们可能确实是非常令人
讨厌的。

　　有些人坚持认为不道德的人不可能快乐。也许做一个
有道德的人确实是令人满意的生活的一种不可或缺的条件，
但它的确不是唯一不可或缺的条件。合理的道德判断甚至
都不是评价行动方针的唯一不可或缺的条件。对于一个人
应当怎样生活的问题，道德充其量只能提供一个有相当局
限和不充分的答案。

　　通常假定，道德要求是与生具备的——换句话说，它
们常常被赋予对于所有其他的利益和要求的一种压倒性的
优先性。在我看来这是不合理的。而且就我所见，并无非

常有说服力的理由使人相信这一点。道德最关心的是我们的态度和行动应当怎样把他人的需要、欲望和回馈考虑进去。①那么，为什么必须将那一点无例外地当作是我们生活中最紧迫的事情呢？的确，我们与他人的关系对我们是无比重要的；而它们所产生的道德要求因此就具有无可否认的重要性。但是，很难理解为什么我们应当假定，在任何情形下，对我们来说都没有什么要比那些关系更为重要，而道德考量必须被一成不变地承认为比所有其他的考虑都更为重要。

在这个问题上误导人们的也许是这样一种假设：道德要求的唯一替代品包含着贪婪地允许自己受自利的驱动。也许他们假定，当某人不愿意使他的行为服从道德的约束时，必定是他关于某种自身利益的狭隘欲望在更大程度上驱使着他。这可能自然地使得即使在一些情形中，道德上的放逐行为是可理解的甚至是可宽恕的，但那种行为仍然

①　当然，还有其他的方式来解读道德的问题。不过，着眼于我们与他人之间的关系来展开对它的探究——而不是按照亚里士多德那种将其视为关于符合我们本质特性的方式——有益于凸显那些人们在道德理论中发现的最深刻最困难的问题：亦即，在道德欲望与自我关切之间那种表面上无法避免的冲突。

绝无可能是值得赞美的或是真正得到尊重的。

　　然而，甚至相当通情达理和令人尊敬的人都发现与道德或他们自己相比，其他事物有时可能对于他们更为重要，并对他们提出了更强的要求。存在着相当有说服力的规范样式，但它们既不是以道德考量也不是以利已考虑为基础的。一个人可以正当地献身于某些理想——例如审美的、文化的或宗教的理想——对他而言，这些理想独立于那些道德法则所特别关切的东西；而他追求这些理想完全不需要以他的个人利益为念。虽然人们普遍承认道德要求必然是决定性的，但这并不表明为规范性的某种非道德样式指定一种更高的权威性就必定总是（在任何情形下并且忽略其相关的重要性）一个错误。

三

　　关于做什么和怎样做的权威推理并不限于道德考量。正如我已经提出的，它的范围扩展到根据规范性的各种非道德的样式进行的评价，而它们也会对生活行为产生影响。

因此，就所考虑的慎思的类型而言，规范实践推理理论是比道德哲学更广泛的。

它也是更为深刻的。这是因为它包含了与比道德规范更为广泛和更为根本的评价规范相关的问题。道德并未真正触及事情的根本。总之，对于我们来说，承认和理解也许是恰当地加诸我们的道德要求，这是不够的。它不足以解决我们对自己的行为的关切。此外，我们需要知道我们赋予那些要求多大的权威才是合理的。而在这一点上，道德本身并不能满足我们。

也许对有些人来说，矢志成为有德行的人是一个绝对占优势的道德理想。在所有情况下，有道德对他们来说都比任何其他事物更为重要。这种人会自然地承认道德要求是无条件地占优势的。然而，这并不是对于人类生活的唯一可理喻的或唯一有吸引力的设计。我们会发现其他理想和其他价值尺度也吸引着我们，而且它们把自己作为我们的可控的、忠诚的、合理的竞争者强有力地呈现给我们。于是，即使在我们精确地识别了道德法则的要求之后，对于我们大多数人来说，还是要遵守它们究竟有多大的重要性这个更为根本的实际问题。

四

当哲学家、经济学家或其他人试图分析实践推理的各种结构和策略时，他们通常采用或多或少是标准的但仍然是相当贫弱的概念系统。也许这些有限的资源中最基本的也是最不可或缺的是他们的想望（want）或欲望（desire）的概念，后者与前者是同义的，至少从我将在这里采用的某种程度上强求一致的惯例来看是这样。这个概念蔓延到无所不在的程度。但它也负荷过重了，而且有点儿脆弱。人们通常赋予它若干不同的角色，用来指代根本不同的和种类繁多的心理状况和事件。而且，它的各种含义也很少被区分开来；也没有作出许多努力来澄清它们是怎样相互联系在一起的。这些问题通常被粗心地搁置在常识和日常言语的迟钝用法中。

于是，我们对生活的各种重要的可疑的方面的理解往往是片面的和模糊的。标准的概念系统是唾手可得的，但它并未恰当地澄清某些非常重要的现象。我们必须更为尖锐地审视这些现象。因此，对于概念资源通常的配置需要通过对某些附加概念的阐释而得以丰富。这些概念也像欲望概念一样,既是普通的又是根本的。然而不幸的是,它们从未得到过关注。

五

仅仅粗略地看到人们想望各种事物,这常常并不足以使人们确知那种引导其行为或塑造其态度与思想的动机。那样做常常会遗漏太多东西。在许多情况下,说某物是我们操心的(we care about),或者我用一种与它几乎等价的说法来表述(也许有点任意地)——我们把它当作对我们自己是重要的(we regard as important to ourselves)。这既精确得多,又具更为充分的解释力。而且在某些情形中,驱动我们的是关于操心的一个特别显著的类型:亦即,爱。在对那种实践理性理论所依赖的词汇库的扩展中,这些就是我心目中的附加概念:什么是我们操心的,什么是对我们重要的,什么是我们所爱的。

当然,在想望某些事物和操心它们之间存在着重要的联系。实际上,操心的概念在很大程度上是由欲望的概念建构起来的。最终说来，操心某物也许不过就是想望它的一种复杂的样式。然而，简单地把欲望归属于一个人，这本身并不意味着他操心他所欲望的对象。事实上，它并不意味着这个对象对他有任何更多的意义。众所周知，我们的许多欲望是完全无意义的。我们并不真正操心那些欲望，满足它们对于我们没有任何重要性。

这并不必然是因为这些欲望是弱的。一种欲望的强度在于它排斥其他倾向和利益的能力。然而，单纯的强度丝毫不意味着我们是否应当操心我们所想望的东西。欲望强度上的差异可以归结于与我们的评价态度完全独立的所有种类的事物。它们也许是与欲望对象之于我们的相对重要性完全不可公度的。

当然，情形确实是，如果我们碰巧想望某物甚烈，那么对于我们来说，为避免我们因欲望受挫而遭受不适而操心，这是自然的。然而，从我们操心这一点，并不能得出我们操心欲望的满足的结论。理由在于，对我们来说，以另一种方式——也就是说，不是通过得到欲望的对象，而是通过放弃欲望——避免挫折，这也许是可能的；而且那种方案也许对我们更有吸引力。当人们相信欲望的满足是无价值的或有害的时，他们有时相当合理地尝试使自己完全摆脱某些欲望，而不是去满足它们。

通过在一种偏好清单中为他们的欲望排序，这也无助于扩张想望的概念。这是因为一个人想望一样东西比另一样东西更甚，可以并不把前者当作是比后者对他更为重要的。假定某人决定通过看电视来消磨时间，他选择了某一档节目，因为他宁可要这档节目，而不是其他也可看到的节目。我们不能正当地得出结论说，看这档节目是他操心的事。毕竟他看它只是为了消磨时间。他宁可要这档节目而不是其他节目这个事实并不蕴含着比起其他节目来，他更操心看这档节目，因为它并不蕴含着他根本上操心看这档节目。

操心某事不但与想望它不同，而且也与想望它比想望其他某物更甚不同。它也与把它当作有内在价值的不同。即使一个人相信某物有巨大的内在价值，他仍然可以不认为它对他是重要的。在把内在价值归属给某物时，我们也许会指出，对某人来说，为了它本身的缘故，也就是把它当作最终目的而不仅仅是其他事物的手段而对它有欲望，这是有意义的。然而，拥有一种特定的欲望并不是不合理的，我们对此的信念并不意味着我们自己实际上具有这种欲望，也不意味着一种我们或任何其他人应当拥有它的信念。

某种被我们承认有内在价值的事物（也许是一种献身于深刻沉思或侠义行为的勇敢事迹的生活）也许仍然未能吸引我们。而且，不管别人对促进或实现它如何有兴趣，它可能仍是与我们完全不相干的。我们很容易认为许多事情确是值得拥有的或为了它本身的缘故而去做的，但如果并没有人特别地被它们所吸引而且它们从未被实际地追求，我们也会认为这是完全可接受的。

无论如何，即使一个人确实因为其内在价值而试图得到某物或做某事，仍然不能由此恰当地推断出他为之操心的结论。一个特定对象具有内在价值这个事实与该对象具有的价值的类型有关，也就是说，这种价值仅仅依赖于内在于对象本身的属性，而不是依赖于该对象与其他事物的关系；但它与对象具有的那种类型有多大价值毫无关系。本身就值得拥有或值得去做的事情可能仍然只有微乎其微的价值。由此，一个人完全基于其内在价值或非工具价值，而把他实际上并不认为对他有多重要的许多事情当作最终目的来想望，这是十分合理的。

举例来说,有许多相当平淡无奇的快乐,我们仅仅是基于其内在价值来追求的,但并不真正为之操心。当我想吃个蛋卷冰淇淋时,我只是基于吃它的快乐而想望它。这种快乐并不是任何其他事物的手段;它是一种我只基于它自身而想望的目的。尽管如此,很难说这意味着我为吃冰淇淋而操心。在这种场合,我一般会很清楚地认识到我的欲望是无足轻重的,而它的对象对我并不是那么重要。因此,即使一个人就是基于某物自身的原因而想望它,并由此把满足他的这一欲望置于他的最终目的之列,也不能公平地得出他为之操心的结论。

在设计和规划生活时,人们必定会遇到若干重要的问题。他们必须关心什么是他们想望的;与其他事物相比,他们更想望什么;什么是他们认为有内在价值的,因此是适合作为最终目的而不是仅仅作为一种手段加以追求的;什么是他们事实上会当作最终目的追求的东西。此外,他们还面对着一个独特的进一步的任务。他们必须确定什么是他们操心的。

六

　　那么，操心某事是什么意思呢？这个问题便于间接地探讨。于是，让我们先考虑，说我们并不真正操心推进一个我们一直想贯彻的计划，这是什么意思。

　　对于一个迫切需要我们帮助，但却由于他意识到给他帮助将要求我们放弃我们的计划而在犹豫是否向我们求助的朋友来说，我们可以说类似上面的话。这个朋友是尴尬的，他不愿意利用我们的善良本性。然而事实上，我们愿意给他帮助，而且希望他乐于提出要求。所以我们告诉他贯彻我们一直在实施的计划并不是我们真正操心的。

　　当我们放弃推进一个计划时，我们这样做可能出于以下两种态度中的一种。一方面，我们可以放弃这个计划，却并不全盘放弃导致我们采取这个计划的利益和欲望。因此，即使在我们觉得给我们的朋友帮助之后，贯彻我们先前的意图可能是我们仍然想做的事。贯彻那种意图的优先性比它此前拥有的要低，但是这种做我们一直计划做的事情的欲望依然存在。相应地，决定放弃那种计划包含着某种失望，或某种程度的挫折。换句话说，它使我们遭受了一定的损失。

另一方面，情形也许是这样的：在放弃这种计划时，我们完全放弃了我们在其中的最初利益。我们丧失了贯彻它的全部欲望。那时，满足那种欲望在我们的优先性排序中不再占有任何位置。我们就是不再有这种欲望了。在那种情形下，给予帮助没有给我们带来损失，因此也没有挫折或失望，因为它不包含那种成本。相应地，我们的朋友也没有理由对要求我们给他帮助并因此而放弃我们最初的计划感到不安。当我们告诉他我们并不真正为一直计划要做的任何事情而操心时，我们就是想传递给他这个信息。

这里有一点要慎重。我们不可能仅仅通过确定一个人对某件事的欲望在即使他决定放弃或推迟满足那种欲望的情况下依然存在，来表明他是真正操心某件事的。毕竟欲望可以由它自身的强度而得以保持活力，而不是因为他特别想望它保持下去。实际上，即使他有意识地努力想要驱除它，它仍有可能保持着：他也许不幸有一种他并不想望的欲望。在那种情况下，这种欲望虽然在他内心依然是燃烧着的和活跃的，但这却是违背他的意志的。换句话说，它不再因为被他操心而继续进行，而是把自己强加于他。

另一方面，当一个人操心某事时，他是自愿地承担了他的欲望。这种欲望没有驱动他要么是因为违背他的意志，要么是因为没有得到他的赞成。他不是牺牲品，他对这种欲望也不是消极地无动于衷的。相反，他自己是把受它驱动作为他的欲望的。因此在必要的情况下，为了保证欲望的延续，他是准备要干涉的。如果欲望倾向于消退或不稳定，他就会去恢复它并强化他所希望的这种欲望对于他的态度和他的行为的任何影响。

于是，除了想望满足自己的欲望外，操心自己的欲望的人也同样想望某种别的东西：他想望他的欲望持续下去。而且，这种希望他的欲望持续下去的欲望不仅仅是一种暂时的倾向。它并不是短暂的或偶然的。它是一种这个人自己认同的，而且当作对他真正想望的东西的表达的欲望。

七

也许那并不是要操心的事情的全部。的确，操心有许多细微差别，而这相当有限的分析并未澄清它们。但是如果它至少是正确的解释的组成部分，那么我们实际上确实操心各种各样的事情的事实对于人类生活就具有根本的重要性。

假定我们什么也不操心。在那种情况下,我们就不会做任何事情来维护我们的欲望或我们的意志确定中的任何主题的统一或一致。我们不会积极地去维护任何特定的利益或目标。的确,某种程度的稳定的连续性也许仍会碰巧发生在我们的愿欲生活(volitional lives)中。然而,就我们自己的意向和努力而论,那仅仅是偶然的或无意的。这种统一和一致并不是我们自己的任何有目的的发动或指导的结果。我们的意志的各种倾向和构造将变化无定;而有时它们也许只持续一小会儿。然而,在它们的相继和持存的设计中,我们自己并未发挥任何决定性的作用。

毋庸赘言,重要的是,我们所操心的都会与我们的生活的特征和品质有相当大的关系。有些事情对我们是重要的,另一些则不是,这是有重大差别的。但是有我们操心的事情这个事实本身甚至有更为根本的意义。理由在于这个事实不但影响一个人的生活的个人特征,而且影响它的基本结构。操心作为一种把我们与自己联系和结合在一起的活动具有不可或缺的根本性。正是通过操心,我们为我们自己提供了愿欲的连续性，并以那样的方式构成和参与到我们自己的能动性中。不管我们操心的各种事情是怎样合适或不合适，操心某事对于我们人类这种生物来说是本质性的。

操心的能力要求一种心理复杂性，它对我们人类成员来说可能是独特的。就其本性而言，操心显示并依赖于我们具有的关于我们的思想、欲望和态度的独特能力。换句话说，它依赖于人类心灵是反思的（reflexive）这个事实。各种较低层次的动物也有欲望和态度，也许有些还有思想。但是那些物种至少看起来不是自我批判的。它们是被实际出现的冲动或倾向驱动着行动的，没有经过对它们自己的动机的任何反思考虑或批判的中介。就它们缺乏形成对它们自己的态度的能力而言，它们既不可能有对它们自己的实际样子的自我承认，也不可能动员起对它的一种内在的抵制。它们既不能认同于驱动它们的力量，也不能使自己与那些力量保持距离。对这样干涉自己的生活，它们有一种结构上的无能。不管怎么说，它们没有认真对待自己的能力。

另一方面，作为人类的特征的自我意识使我们容易有

一种在其中把自己分离开来并客观化的内在分裂。这把我
们置于去评价碰巧推动我们的动机力量并决定接受哪一种
和抵制哪一种的位置上。当我们内部的各种动机力量发生
冲突时，对于如何解决政治冲突，一般来说我们并不是消
极的或中立的。我们确实是认真对待自己的。相应地，我
们一般支持冲突的一方或另一方，并试图积极地去影响结
果。因此，我们自己的欲望之间的斗争的实际结果对我们
来说要么是一场胜利，要么是一场失败。

八

像我们自己这样的生物并不只有驱动他们行动的欲望。
此外，他们还有形成关于他们自己的欲望的欲望的反身能
力——也就是既与他们想望去想望的是什么有关，也与他
们想望去不想望的是什么有关。这些高阶的欲望并不直
接适合于行动，而是适合于动机。人们常常关心他们的动
机：他们希望他们的行动以某种方式被激发，而不是以其
他的方式被激发。在他们发现他们自己的某些动机倾向是

令人讨厌的情况下，他们就试图去削弱或抵制它们。他们只接受和认同他们自身遭遇到的某些欲望和倾向。他们希望他们的行动被这些欲望和倾向激发，他们不想望那些他们认为在有效驱动他们去行动上是不可欲的欲望和倾向。

　　有时候人们甚至会在非常认真地避免被他们宁可当作是动机上无效的欲望驱动的努力中遭到失败。例如，某人会出于妒忌或出于一种报仇的欲望行事，虽然他并不赞成这些动机并强烈地想望他不被它们驱动。不幸的是，事实上，它们的力量对他来说太大了，以至于难以抵挡；而且他最终屈服于它。虽然他抵制，令人讨厌的欲望仍然有效地驱动他行动。既然他已经奋力抵抗它，于是就可以合理地说这种欲望是与他自己的意志相背地驱动他，而他随之而来的行动也是与他的意志相违背的。

　　当然，有时候，当一个人行动时，驱动他的欲望是他完全乐意的。例如，他可能被一种慷慨的欲望驱动，而这种动机是他乐于接受的。在这种状况下，他可能正愿意这种欲望指导他的行为。在此种情形中，当他施行慷慨的行为时，他不但正好是在做他想做的事，并在这种意义上是自由行动的。对他来说同样真实的是，他正在自由地欲望着，他的行动是慷慨的，又正是他想望的。

现在假定某人在施行一种他想望施行的行为，并进一步假定他施行这种行为的动机是他真正想望被激发的动机。对于他正在做的事情，或对于驱动他这样做的欲望，这个人绝不是不情愿的或无动于衷的。换句话说，行为和驱动它的欲望都不是在违背他的意志或未得到他的承认的情况下强加给他的。无论对一方面还是另一方面而论，他都不仅仅是一个消极的旁观者或牺牲品。

我相信，在这些条件下，这个人正享受着像我们可合理地欲望的一样多的自由。实际上，在我看来，他只享受着像我们可能想象的那么多的自由。这接近于意志自由，正如同接近于并不创造自身的有限存在物那样，可以合理地希望达到。①

人们想望他们的某些欲望驱动他们行动，而且他们通

———————————

① 正因为人并不创造自身，因此这也就构成了人的界限，即人自身并不是原因。在我看来，在人们对于自由的关切上，关键之处不在于人们的愿欲生活是否受自身外部的因果条件的限制。就眼下关于自由的讨论而言，真正重要的不是因果的独立性。它是自主的，这是一个关键之所在，它有关我们的动机和选择是否积极的而非消极的——亦即无论我们怎样地渴求，这些动机和选择是否真的是我们所想的并且因而始终不脱离于我们。

常有某些他们宁可保持在动机上无效的其他欲望。他们同样以其他的方式关心他们的欲望。因此，他们想望他们的某些欲望继续存在，而且他们并不关心甚至积极反对其他欲望继续存在。这些供选择的可能性——对一个人自己的欲望的承诺，或这种承诺的缺席——规定了操心和不操心之间的差异。一个人是否操心他欲望的对象要视哪种选择占上风而定。[①]

九

仅仅由于我们操心它们这一事实，许多事情就变得对我们重要，或比它们在其他情况下对于我们更为重要。如果我们并不操心那些事，要么它们对我们的重要性小得多，

---

① 人们的内在生活对于他人和自身而言均是含混复杂的。人是难以捉摸的。我们很难摸清自己的态度和欲望，很难知晓自己真正信任什么。所以，知道一个人关心某物，自己却在很大程度上并未意识到这一点，对我们是很有助益的。也存在这样的可能，人们一点都不关心某个事物，即使他真心实意地认为该事物对他来说是非常重要的。

要么就对我们根本没有重要性。例如，考虑下我们的朋友。如果我们并不像实际上那样多地为他们操心，他们对我们的重要性就大大降低。一支篮球队的成功对它的支持者是重要的，而对那些碰巧不为它操心的人来说，它的成功是根本不重要的。

毋庸赘言，尽管我们并未认识到其重要性而且因此根本不为它们操心，但有许多事情仍然对我们是重要的。举例来说，许多人根本不知道他们遭受隐蔽辐射的影响，而且他们甚至不知道有这回事。这些人自然并不为他们遭受的隐蔽辐射的程度操心。但并不能由此得出他们遭受的隐蔽辐射的程度对他们来说就是不重要的结论。不管他们是否了解任何关于它的情况，它对他们都是重要的。

然而，那些尽管当事人实际上并不为它们操心，或者甚至并不了解它们的事情之所以对他重要，可能仅仅是因为这种事情与他确实操心的某事有一定的关系。假定某人确实对他的健康或对辐射可能产生的任何影响有点儿漫不经心，或假定他确实完全不关心环境、其他人或他自己是否会以那种方式受到影响。在那种情况下，隐蔽辐射的程度对他说就是不重要的。它确实不关他的事，他也没有理由为之操心。对他来说，程度是高是低是没有差别的。只有对那些要么因为它本身要么因为它以适当的方式与之相关的条件而操心辐射大小的人来说，它才是重要的。

　　如果某人确实绝对不操心任何事，那么就没有任何事对他是重要的。①他就是不专注于他自己的生活的：不关心他的欲望的一致的连续，忽视他的愿欲的同一性，而且在此意义上不关心他自己。没有他所做的或所感知的任何事情，没有所发生的任何事情，对他是重要的。他也许相信他为某些事操心，而那些事对他是重要的；但根据假设，他将是错的。当然，他可能仍然有各种欲望，而且那些欲望中有些可能比另一些强；但他对于从这一刻到下一刻他的欲望和偏好将是什么并无兴趣。即使仍然可以对这样的人有意义地说他有一种意志，但很难说他的意志真正是他自己的。

────────────

① 这引出了一个亟待回应的话题，即是否存在一些东西对他而言应当是重要的，而他也应当关心它们。

✛

正是通过操心，我们赋予了世界重要性。这为我们提供了稳定的抱负和关切，也标明了我们的兴趣和我们的目标。我们的操心带给我们的重要性定义了标准和目标的框架，我们正是用这种框架来指导我们的生活。一个操心某事的人受他对此事的持久兴趣的引导，正如他的态度和行动受到这种兴趣的塑造。只要他确是操心某些事，这就决定了他何以会认为引导他的生活对他来说是重要的。一个人操心的各种事物的全体连同他对它们之于他的重要性的排序有效地确定了他对如何生活这个问题的答案。

现在假定他对于他是否已经得到正确的认识感到惶惑。也就是说，假定不知什么缘故他开始关心他是否真应当操心事实上他并不操心的事情。这是一种对理由的关心。在提出他是否应当基于他实际操心的事情引导他的生活这个问题时，他是在追问是否有证实他按照那种方式生活的足够好的理由，以及他是否就没有按照别种方式生活的更好的理由。

在试图理解这个问题时，我们遇到的困惑一定要比苏格拉底碰到的"一个人有可能变得比另一个人矮，而又无须减轻体重"这种悖论性的事实时更大。实际上，一旦我们开始追问人们应当怎样生活，我们必定会发现自己在绝望地打转。麻烦的并不在于这个问题太难。当然，提问总是容易使人迷失方向的，这是因为追问的过程不可避免地是自我指涉的，而且容易导致无穷的循环。有什么好的理由去操心某事，这个问题不可能得到成功的回答。在这个问题上贯彻一种理性探究的努力不可避免地会遭到挫败并返回自身。

这一点其实并不难明白。为了对某种生活方式实施一种理性的评价，一个人首先必须知道要运用怎样的标准以及如何运用它们。他需要知道什么样的考虑有利于选择一种生活方式而不是另一种，以及什么样的考虑不利于这样做，还有它们各自的权重。例如，他必须清楚怎样评价如下的事实：某种生活方式比另一种带来了更多（或更少）个人的满足、快乐、权力、荣耀、创造性，与宗教戒律之间的更（或不）和谐的关系，更（或更不）适合道德的要求，等等。

这里的麻烦就在于一种相当明显的循环。甚至为了使某人能够设想并开始对于怎样生活的探究，他必须已经确定这种探究指向的判断。鉴别出一个人应当怎样生活这个问题，就是理解这是个什么样的问题，以及怎样着手回答这个问题——要求一个人确定在评价各种生活方式时所运用的标准。实际上，鉴别出这个问题就等于是确定那些标准：这个问题所问的恰恰是什么样的生活方式最好地满足它们。但是，鉴别出在评价各种生活方式时所运用的标准也就等于为应当怎样生活的问题提供了答案。因为对这个问题的答案就是：一个人应当按这样的方式生活，这种方式最好地满足在评价生活时所运用的任何标准。

这种探究所考察的是什么样的问题，澄清这一点是要鉴别出从事这种考察所根据的标准。但这也就等于是肯定这样的判断，这些判断所关心的是，是什么使得一种生活比另一种更可取，而这些判断正是这种探究旨在得出的。于是人们就会说，这个问题压根就是不完整的。除非这个问题的答案已经被知晓，否则就不可能准确地鉴别出这个问题，或者弄清楚怎样着手研究这个问题。

这里又揭示了这个难题的另一种方式。某件事对某人重要，只有通过它所造成的差异才能显示出来。如果有没有它一切都完全一样，那么任何人操心它就都没有任何意义。它不可能真有任何重要性。当然，仅仅造成某种差异还不够。毕竟每件事都会造成某种差异，但并不是每件事都重要。显然，如果某件事是重要的，它所造成的差异就不可能是完全无关紧要的。它不可能是如此无足轻重，以至于有理由完全忽视它。换句话说，它必定是有某种重要性的差异。因此，一个人为了知道怎样确定对他重要的是什么，他必须已经知道怎样把某些事物鉴别为造成对他重要的差异的。对重要性标准的表述以具有有待表述的标准为前提。这种循环既是不可避免的，又是致命的。

十一

对于一个人怎样具有生活之理由的问题，不可能有井井有条地探究。这是因为，只有首先解决了一个人应当怎样生活这个问题，怎样鉴别和评价什么是决定一个人应当怎样生活的理由这个先在的问题才能解决。一个人应当操心什么的问题必定被回答了，换句话说，甚至在进行这个旨在回答此问题的理性的探究之前就已经被解决了。的确，一旦某人把某些事物鉴别为对他是重要的，他就有可能轻而易举地以此为基础鉴别出其他重要的事物。他为某些事物操心，这个事实将很有可能使他认识到同样为各种相关的事物操心就是合理的。从来没有操心过某事的人也就不可能找到操心任何事情的理由。没有谁能够拉着自己的鞋带把自己举起来。

这就意味着，一个人能够就他的生活方式提出的最基本和根本的问题不可能是他应当怎样生活的规范性问题。只有在预先回答他实际上确实操心什么这种事实性的问题的基础上，那种（规范性）问题才能合情合理地被提出。如果他什么也不操心，他甚至都不可能开始有条不紊地探究他应当怎样生活的问题。因为他什么也不操心，这就对他意味着，没有任何东西能够算作支持一种生活方式而不是另一种生活方式的理由。的确，在那种情况下，他无法决定他应当怎样生活的事实可能并不会给他带来任何苦恼。不管怎样，如果确实没有任何东西是他认为对自己重要的，他也就不会认为这一点本身对他是重要的。

然而，事实上几乎每个人都确实操心些什么。例如，几乎每个人都操心活下去，操心避免严重的伤害、疾病、饥饿以及各种精神的痛苦和失调。他们为他们的孩子操心，为他们的生计操心，为别人怎样看他们操心。毋庸赘言，他们也通常为许多其他事情操心。对几乎每个人来说，都有许多考虑可以作为支持一种而不是另一种生活方式的理由。

而且，对几乎每个人来说，可以作为支持这些偏好的理由的许多考虑其实是一样的。这并不是一种巧合，也不是某种人造物，而是历史或文化状况之定向。人们之所以操心许多相同的事物，是因为人性和人类生活的基本状况是基于不受千变万化所限的生物的、心理和环境的事实的。[1]

不过，似乎容易看出，对于人们实际上操心的和认为重要的事物（即使那些事物对每个人都是完全相同的而且是同样排序的）的一种经验的说明将会失去我们最初关心一个人应当过哪种生活的整个重点。那种纯粹事实性的说明怎么可能减轻——更不用说消除——我们对怎样生活的

---

[1]　当然，人们对此确实态度各异。尽管很多事情几乎对每个人来说都是重要的，但人们对这些他们所操心的事物的取舍却绝不相同。

最初的烦恼的不确定感？仅仅知道事情是怎么样的似乎并不能为它们提供辩护。人们在评价各种选项时通常会运用某些标准，但为什么这个事实就应当被认为足以确定运用那些标准就是最合理的呢？意识到一种现状本身似乎并不能给我们接受它的意志充分恰当的理由。

然而，我们需要懂得，为我们的生活方式提供一种详尽的理性保证的野心乃是一种误解。自下而上地证明我们怎样生活的最好理由，这种泛理性主义的幻觉乃是不连贯的，而且必须被摒弃。没有抓住要害的并不是关于操心的事实性问题，而是规范性问题。如果我们想要解决我们在确定一种生活方式上的困难和犹豫，我们从最根本上需要的并不是理由或证据，而是清楚和自信。要对付我们在怎样生活上遇到的令人困扰的和无穷无尽的不确定性，并不要求我们去发现哪种生活方式能够被确定的论证所证明。相反，它只要求我们去懂得什么是我们真正操心的，并坚定不移顽强自信地去操心它。①

———————————

① 自信不可混同于偏执或心灵的封闭。即使一个最为坚定的自信的人，他也可能由于一些额外的证据或经验从而改变自己的初衷。也许他的自信暗含着他认为这种改变是不可能的，但这并不意味着他必定能够预防它的发生。

十二

　　对我们的信念、态度或行为方式的自信程度的保证通常恰恰依赖于支持这些自信的理由。然而，在有些问题上，坚持认为只有当一种自信有理由上的牢靠保证时才是恰当的，这是一种愚蠢的错误。例如，凡是正常的人通常无疑都会操心自己的生存，或者他们孩子的幸福。我们自动地或无保留地操心这些事情，而且根本不关心我们这样做是否合适。①我们并不想当然地认为——也不应当想当然地认为——我们在这些事情上的坚定自信实际上依赖于确信这种自信能够通过有理性说服力的论证得到证明。

　　也许这种论证是有的，但这并非重点所在。人们通常毫不犹豫地相信他们的生活的连续性，并关心他们孩子的幸福，这个事实并不是从对这样做的理由的任何实际的考虑得出的；它甚至也并不依赖于一种能够找到好的理由的假设。那些信念是内在于我们的，它们并非基于慎思。它们

---

① 的确，关于究竟操心多少，关于是否对某个事物或别的什么更多一点关心，我们并不是很确定。我们必定确信自己的生活和孩子是重要的，即使我们并不确知这些于自己而言究竟有多重要。

并非任何合理性要求的回应。

它们事实上所回应的要求植根于一个源头,这个源头并不是由判断和理由所构成,而是由操心事物的一种特定模式所构成。它们是爱的要求。我们在操心我们的孩子和我们的生活中的自信之基础在于,由于从生物上植根于我们之本性的必然性,我们热爱我们的孩子,我们热爱生活。即使他们使我们失望,或者给我们带来痛苦,我们也还是继续爱他们。情形常常是,即使在我们相信这种爱是非理性的之后,我们也还是继续爱他们。①

人们并不都爱同样的事物。我爱我的孩子和我的生活并不意味着我也爱你的孩子和你的生活。而且,可能确有某些人真正地和全心全意地爱我们自己恐惧或藐视的东西。这确是一个问题。然而并不应当假定,除了通过排列证据和论证,我们就不能合理和有效地处理这个问题。事实上,我们确实并不需要决定谁是对的。

---

① 当然,我们对于爱的随时待命也可能因一些经历或观念而遭到侵蚀,我们以为它们给了我们对孩子和生活的操心打点折扣的理由。毕竟,的确有些人漠视自己的孩子,也有人选择自我毁灭。他们认为自己有很好的理由去毁灭自己或不再爱孩子,这一事实并不意味着它可用以证明或确保尚在维持着的爱。

我们的问题是要保护我们的孩子和我们的生活。当然，做到这一点的一种方式就是说服我们的对手——他们是错误的。但是我们确实不可能指望通过中立的和普遍可接受的理性方法提出有说服力的论据证明他们犯了错误。这并不是说我们在我们的对手面前为我们之所爱辩护就一定是不合理的，或者说，我们就不可能正当地获得这种爱的利益，尽管会遭到并不被这种爱所吸引的那些人的抵制和冷淡。

即使在发现他们的孩子遭到别人的厌恶或藐视之后，父母仍然以不可动摇的信心和热诚爱他们的孩子，保护他们的孩子，我们并不能因此就认为他们就是在不合理地或不正当地行动。即使在他们确实不能合理地论证——更不用说证明——对他们孩子的敌意是不应当的情况下，父母通常也不会因为这样做而受到谴责。如果一个人坚持为他自己的生活辩护——即使当他不能驳斥那些可能宁可他死去的人对他的怨言，我们也不会认为这个人是荒唐顽固的，或者他的行为是应受谴责地随心所欲的。

那么，既然为我们的道德理想，或者我们所爱的其他事物之于我们的极端重要性严格地提供证明性的辩护是不可能的，我们为什么还应当对此感到越发为难呢？为什么无法得到决定性的支持理由就会动摇我们对于被我们所操心之物所规定的生活愿景的信心，或者就会妨碍我们去抵制其对于何为重要事物的愿景威胁到我们的愿景的那些人？为什么我们就不应当乐于为我们全心全意地所爱的事物而奋斗，即使并没有好的论证表明爱这个而非其他事物对我们来说就是正确的？

十三

迄今为止我只是把我所谓的"爱"刻画为一种特定的操心模式。在下一章，我将尝试更充分地解释我的想法。当然，众所周知，"爱"这个词是难以说清的。①但我为自己设定的任务是比较好办的，因为我并不打算为通常用"爱"这个词所指之状态的各种复杂范围提供一种详尽无遗的分析说明。我自己对那个词的用法与那个范围有部分的一致，

---

① 对爱这一概念想要理解得更准确一点的期许使我想到了 Niels Bohr 的一些令人不安的忠告。他警告道，人们所能说清楚的无外乎是他所能想到的。

但我不为刻意让它与全部范围相一致。因此我只需要定义特别适合于我的讨论的更有限的一组现象。那些通常被称作"爱"的各种其他状态中引人注目的某些特征，以及对那些状态来说可能甚至是定义性的特征，对我所说的那些现象却并不是根本性的。因此，它们也不属我所要解释的范围。

第二部分　论爱及其理由

一

　　最近以来，哲学家对以下问题产生了很大的兴趣：我们的行动必定是一成不变地受我们应用于所有情景的普遍道德法则的严格指导，抑或某种偏袒有时可能是合理的。事实上，我们并不总是觉得对我们明察秋毫的公平是必要的或重要的。当相关者是我们的孩子，或者是我们的国家，或者是我们最珍视的个人抱负时，情势对于我们就是不同的。当两群人虽然是同样有价值的，但我们与另一群的关系更为疏远时，我们通常认为偏爱前一群人是适当的，甚至是应尽的义务。类似地，我们通常认为自己有权把资源投入到我们恰好特别热衷的事业中，而不是我们乐于承认的在某种程度上更有内在价值的其他事业中。一直以来困扰哲学家们的问题并不是确定这种偏好是否曾经是正当的，而是说明它们在什么样的条件下以及以何种方式得到证实。

在这种关联中一个得到广泛讨论的例子是：某人看到有两人溺水，而他只能救其中一个，他必须决定救哪一个。一个人是他不认识的，另一个人是他的妻子。当然，很难想象这个人应当通过掷硬币来做决定。我们强烈地倾向于认为对他来说，在这样的情景中完全抛却公正或公平之类的考虑是十分恰如其分的。这个人确实应当救他的妻子。但这样不平等地对待两个处于危险中的人的根据何在？这个人可以诉诸什么样可接受的原则使得他听任那个陌生人溺水的决定变得正当？

伯纳德·威廉斯，一个最令人感兴趣的当代哲学家，已经指出，如果一个人认为他竟有义务去找一条原则使他能够推出，在像他所置身的那种情况下，去救他的妻子是可允许的结论，那么他就已经是误入歧途了。相反，威廉斯认为，"有望激发他采取行动的那个想法……一旦充分地表达出来，就是'那是他的妻子'这个想法"。如果他再加上这样的想法：在这种情景中去救他的妻子是可允许的，威廉斯就正告此人有"一种多此一举的想法"。换句话说，如果当某人的妻子溺水时，这个人需要依靠某种一般的原则以便从中推出证明他去救他妻子之决定的理由，那么整个观念都是有某种可疑之处的。[1]

二

对于威廉斯的思路，我深有同感。[2]然而他的例子完全没有击中要害。如果这个例子坚持认为溺水之人中唯一相关的因素就是她是这个男人的妻子，那么它就并不能如威廉斯之愿地发挥作用。不管怎样，我们完全有理由假定这个男人嫌恶和害怕他的妻子。假定她也嫌恶他，而且最

---

[1]　Bernard Williams. "Persons, Character and Morality," in his *Moral Luck* (Cambridge University Press, 1981), 18.

[2]　的确，我也有些细节上的疑问。首先，我不禁感到疑惑的是，为什么这个男人竟然会有"这是他的妻子"这种想法？难道我们要假定一开始他并不认识她？还是我们要假定他一开始并不记得他们已经结婚了，而必须使自己回想起这一点？在我看来，严格说来，这个男人思考的准确次数为零。实际上，正常的情况是，他看到水中的情况，并跳进水里救起他的妻子，这根本就是不假思索的。在这个例子所描述的情形里，这个人肯定是想得太多了。

近一直在尝试用各种歹毒的方式谋杀他。或者假定这只不过是一桩精明地安排的有某种谋利目的的婚姻，而且除了三十年前例行公事的短暂婚礼，他们根本就没有同房过。的确，仅仅确定这个男人和那个溺水女人之间的一种单纯的法律关系并不足以说明问题。

　　因此，让我们抛开他们的公民身份问题，转而主张这个例子中的男人爱溺水的两个人当中的一个（而不是另一个）。在那种情况下，要找出一个理由去救她对他来说的确是不适当的。如果他确实爱她，那么他必然已经有那个理由了。这个理由就是她有麻烦了而且需要他的帮助。他爱她这个事实本身就蕴含着他把她的不幸当作去帮助她的一个强有力的理由，这个理由要强于去帮助他素不相识的人的理由。他所爱的人需要他的帮助就已经为他提供了这个理由，而无需他进行任何额外的考虑，也无需任何一般规则的干涉。

　　把这些因素都考虑进去确实是一种多此一举的想法。如果这个男人不承认他所爱的女人的不幸就是去救她而不是救陌生人的理由，那么他根本不是真正爱她。从根本上说，爱某人或某事首先就意味着或者说就在于把后者的利益当作为那些利益服务的理由。对施爱者来说，爱本身就是理由之源。它创造了激发爱之关切和奉献行为的理由。[①]

三

从最基本的方面说，**爱通常被理解为对所爱者显现之价值的一种反应**。根据这种解释，我们爱某物是受我们对其特别内在之价值的欣赏所驱动。是那种价值的吸引力征服了我们并使我们成为施爱者。我们之所以开始爱我们所爱的事物乃是因为我们被它们的价值所吸引，而且基于它们的价值继续爱它们。如果我们不觉得所爱者是有价值的，我们就不会爱它。

这一点对于通常被认定为爱的某些例子大概是恰如其分的。但是，从根本上说，我这里谈到爱时所指涉的是某种另外的现象。按照我的解释，爱并不必然是根基于对其对象之内在价值的意识中的。它有时候会那样出现，但并不必然是那样。爱可能是由千差万别的自然原因造成的，

---

①　那恰恰就是爱之于这个世界的贡献。

而造成的方式还很少得到理解。对一个人来说，没有注意到某物的价值，或者对其价值没有任何印象，或者即使认识到它其实并没有任何特别有价值的地方，却仍然完全有可能因为某种原因而爱上它。一个人即使在认识到某物的内在本性实际上完全是不良的时候仍然有可能爱上它。那种爱无疑是不幸的，但这种事情确实有。

被爱之物通常是对施爱者有价值的，这确实是真的。然而，认识到那种价值根本不是爱的一种构成性的或基础性的条件。对所爱之物的某种价值感并不必然驱动他去爱某物。爱与被爱者的价值之间的真正本质的关系正好相反。我们对事物的爱并不必然是认识到它们之价值并被它吸引的一个结果。相反，我们所爱之物因为我们爱它而赢得了对我们而言的价值。施爱者的确常常而且必然认为所爱者是有价值的，但是他所看到的对方具有的价值是一种来自于和依赖于他的爱的价值。

考虑父母对他们孩子的爱。我可以信心十足地说，我爱我的孩子并不是因为我意识到他们身上的独立于我对他们的爱的某种价值。事实是甚至在他们被生下来之前——在我对他们的个性特征或他们的特点、优点或美德有任何特别相关的信息之前，我就已经爱他们了。而且，我并不相信，他们确实碰巧拥有的有价值的品质本身就真能够为我提供非常有说服力的理由。与我的爱事实上要少得多的许多其他可能对象相比，我会把他们当作是更有价值的。我很清楚，我并不是因为我相信他们比别的孩子更好才爱他们的。

有时候，我们说某些人或其他事物"不值得"我们去爱。这也许意味着爱他们的成本会大于从中得到的收益，也有可能意味着爱那些事物在某种意义上是自贬身份的。无论如何，如果我问自己我的孩子是否值得我爱，我的显著倾向就是把这种问题贬斥为误入歧途的。这并不是因为我的孩子是有价值的这一点是自明的，而是因为我对他们的爱根本就不是对他们的价值之评价，或者对我爱他们的后果之评价的一种反应。如果事实证明我的孩子是十恶不赦的，或者爱他们显然会在某种程度上威胁我过体面生活的希望，那么我也许会承认我对他们的爱是令人后悔的。但是我恐怕会在最终承认这一点之后，继续爱他们。

因此，我并不是因为认识到我的孩子的价值才爱他们的。当然，我确实认识到他们是有价值的；事实上，就我所知，他们的价值是无法估量的。但那并不是我的爱的基础。它确实是另一回事。我归属给我的孩子的特定价值并不内在于他们，但却依赖于我对他们的爱。他们对我如此宝贵的理由就在于我如此爱他们。至于为什么人类普遍地倾向于爱他们的孩子，对此的解释大概在于自然选择的进化压力。无论如何，显然是因为我对他们的爱，他们才赢得了在我眼中的价值，否则他们就无法拥有这种价值。

　　爱与被爱者之间的关系——就是说，爱并不必然地基于被爱者的价值但却必然地使被爱者对施爱者有价值——不但适用于父母之爱，而且相当普遍地适用。①也许，最为深刻之处在于正是爱解释了爱本身对于我们的价值。对我们来说，我们的生命在正常情况下是有价值的，我们承认这种价值具有居高临下的权威性。而且，生命对于我们的价值是无所不在的。它从根本上决定了我们归属给其他事

---

① 爱的某些对象——例如某些理想——确实出现在基于其价值而被爱的许多实例中。然而，对一种理想的爱并不必然是这样产生或以这种方式得到其根据的。毕竟，一个人有可能是完全盲目地爱真理、正义或道德正直的，这种爱仅仅是一种培养的结果。而且，一般来说，对一个人全心全意地献身于一种理想或价值而非某些其他的理想或价值这个事实作出解释的并不是关于价值的考虑。一般来说，导致人们更关心真理而不是正义，或者更关心美而非道德，或者更关心一种宗教而非另一种宗教的并不是某种先在的认识：他们爱得更多的东西比他们更少关心的东西具有更大的内在价值。

物的价值。它是价值的一个有力的（实际上是全能的）创造者。有无数事物之所以令我们如此操心，并因此对我们非常重要，仅仅是因为它们影响了我们的生存。

为什么我们如此自然地而且毫不犹豫地把自我保存当作从事某些行动的一个无比有说服力的和正当的理由？我们确实并不认为活着就有至高无上的重要性，因为我们相信我们的生命中，或者我们的所作所为中有某种伟大的价值——这种价值并不依赖于我们自己的态度和倾向。即使当我们完全把自己弄明白了，而且认为我们的生命实际上就是这样有价值的，那通常也并不是我们要如此珍惜它们的理由。我们把某些行动有助于我们生存这个事实当作从事这些行动的理由，这仅仅是因为，大概再次拜自然选择之所赐，我们生来就是热爱生命的。

四

现在让我试着说明我这里所谓的爱是什么意思。

爱之对象通常是一具体的个别物：例如一个人或一个

国家。它也可以是更为抽象的某物：例如，一种传统，或某种道德的或非道德的理想。当被爱者是一个个体而不是像社会正义、科学真理或某个家庭、某个文化群体这样的对象时，这种爱当中往往会有更强的感情色彩和紧迫性；但是情形并不经常是这样。无论如何，爱的规定性特征并不必然是热烈的而非冷漠的。

爱的一种特征必定与被赋予爱的对象之价值的特定地位有关。只要我们操心某件事，我们就把它当作对我们而言是重要的；但是我们可以认为，某件事之所以有那种重要性仅仅是因为我们把它当作其他事物的手段。然而，当我们爱某物时，我们比这走得更远。我们操心它不只是把它当作手段，而是当作目的。我们把爱的对象当作本身就是有价值的，当作本身对我们而言就是重要的，这乃是爱的题中应有之义。

爱更倾向于是对被爱者之存在以及有益于被爱者之物的一种无利害的关切。施爱者想望被爱者健康向上而不是受到伤害；而且他并不只是为了促进其他的目标才想望这一点的。某人可能仅仅是因为社会正义能够减少暴动和骚乱的可能性而操心社会正义的；而某人关心另一个人的健康可能仅仅是因为除非她保持健康，否则就会对他不利。对于施爱者来说，除了这种爱有可能在其他事物上产生的任何影响，被爱者的状况本身就是重要的。

爱可能包含着强烈的被吸引的感觉，施爱者会用对被爱者的甜言蜜语来支持和合理化这种感觉。而且，施爱者们通常喜爱他们所爱者的朋友，珍视与他们的各种亲密关系，并且渴望交互性。这些热情并不是主要的。一个人喜欢他所爱的人，这也不是主要的。他甚至有可能觉得这是令人讨厌的。就如同操心的其他样式，问题的核心既不是情感的，也不是认知的，而是意愿的。对某物之爱与其说与一个人的信念或情感有关，还不如说与意志的构成有关，后者存在于对有益于被爱者之物的一种实践关切之中。在对施爱者所爱的有影响的方面，这种意愿的构成通过指导他对相关目标和优先性的排序塑造着他的倾向和行为。

重要的是要避免把我正在定义的概念所限定的爱与各种形式的迷恋、贪欲、痴迷、占有和从属混淆在一起。尤其是，主要是罗曼蒂克的或性的关系并未提供我正在试图解释的这种爱的非常本真的或有启发性的典范。那些种类的关系典型地包含若干显然是使人心醉神迷的因素，这些因素并不属于作为一种无利害的关切样式的爱之本性，但它们是如此令人迷惑，以至于任何人都几乎不可能弄清楚正在发生的是什么。在人与人之间的关系中，父母对他们的婴儿或小孩的爱是最接近于爱之公认的典型例子的操心种类。

有某些种类的对他人的关切可能也是完全无利害的，但因为其是非人身的而与爱有别。献身于无功利地帮助病人或穷人的人有可能完全不关心他去帮助的那些人的特殊情况。使得人们成为他的仁爱关切之受益者的并不是他对他们的爱。他的慷慨并不是对他们的个体身份的反应；它并不是由后者的人格特质引发的。它仅仅是由他把他们当作一个相关类别的成员所引发的。对于热衷于帮助病人或穷人的人来说，任何病人或穷人都要帮助。

另一方面，当涉及我们所爱的对象时，对对象之特异性的那种漠不关心是根本不可能的。施爱者所爱的东西之于他的意义并不在于他的所爱是一个实例或一个样本。它对他的重要性并不是一般的，而是不可避免地是特殊的。对一个只是想要帮助病人或穷人的人来说，从那些有资格的病人或穷人中随机地选择他的受益人就是完全可以理解的。需要帮助的人具体来说是谁这一点并不重要。正因为他并不真正关心究竟是哪一个得到帮助，于是他们个个都是完全可以接受的候选者。一个施爱者的情形就是完全不同的，他的所爱不可能有一个完全等价的替代品。对于一个被仁爱驱动的人来说，是帮助这个需要帮助的人还是帮助另一个需要帮助的人完全是一回事。对于一个施爱者来说，他是在无利害地爱一个他实际上确实爱着的人还是在爱另外的某样东西，不管这两者可能多么相似，都不可能是一回事。

最后，爱的一个必然特征就是它并不是在我们直接的意志控制之下的。一个人操心什么，以及有多大程度的操心，是要受他所处的特定条件之影响的。仅仅是转念之间，他有可能操心某个对象，也可能不操心它。保护和支持那个对象的要求是否为他提供了行动的可接受的理由，以及那些理由有多大分量，这要看在那些情形中他自己的决定。然而，就有些事情而论，一个人可能会发现他无法仅凭自己的决定对他是否操心它们或者有多么操心它们产生影响。这种问题根本不在他的影响范围之内。

例如，在正常情况下，人们都会相当操心他们的生命，操心身体的完好无损，操心不要被彻底孤立，操心不要得慢性病，等等。他们确实别无选择。考查理由、作出判断和决定都根本改变不了什么。即使他们应当认为停止操心与他人接触，或停止操心实现自己的抱负，或停止操心他们的生命和肢体，乃是一个不错的主意，他们也不可能停止。他们会发现，不管他们怎样思考和决定，他们仍然要去保护自己免遭极端的身体和心理上的剥夺和伤害。在这些问题上，我们服从于一种必然性，它有力地约束着我们的意志，而且我们不可能仅仅通过选择或决定规避它的约束。①

　　一个人在这些情形中受制的必然性并不是由理性的要求所产生的认知的必然性。它并不是像逻辑的必然性那样通过限制融贯一致的思想的可能性而使得选择成为不可能。当我们理解到一个命题是自相矛盾的时，我们就不可能相

---

① 如果正常条件下的某人一点儿也不操心死亡、残害或者被剥夺所有人际接触，我们不会认为他仅仅是反常。我们会认为他是精神错乱。那些态度中并没有严格的逻辑缺陷，但它们仍然可说是非理性的——就是说，破坏了人性的一种规定性条件。有一种与一致性或其他形式上的考虑联系甚少的合理性存在。因此，假定一个人刻意地自行了断或无理由地重创自己，或者（这是休谟用过的例子）为了避免对他的一根手指的微不足道的伤害而寻求大面积毁伤，任何人只要这样做，我们自然就可以认为他是"疯狂的"，即使他并没有犯逻辑错误。换句话说，可以认为他缺乏理性。我们习惯于把合理性理解为防止矛盾和不一致，理解为对我们能够思考的东西的限制。也有这样一种合理性的含义，它对我们让自己去做的或去接受的东西提出限制。在某种意义上，理性的替代项是我们认为不可设想的东西，也就是不可思议的东西。

信这个命题；类似地，当我们意识到否认一个命题就将陷入一种矛盾时，我们就不得不接受这个命题。另一方面，人们不得不操心的东西并不受逻辑的控制。它主要并不是对信念的一种约束。它是一种意志的必然性，其本质在于对意志的一种约束。

有些事情是人们即使有了相关的自然能力或技艺也无法去做的，因为他们不能集中做那些事情的意志。爱就是受那种必然性限定的：我们爱什么和不爱什么都是身不由己的。这么说来，作为爱之典型特征的这种必然性并不是通过挫败或征服意志的激情或冲动之汹涌澎湃而约束意志的运动的。相反，这种约束是在我们自己的意志内部发挥作用的。我们受到的约束是由我们自己的意志，而不是由任何外在的或外部的力量所产生的。受到意志的必然性束缚的某个人无法形成一种决定性的和有效的意向——不管他可能有什么样的这样做的动机和理由去履行（或不去履行）我们所说的行动。如果他去尝试履行这种行动，他会发现根本就无法开始这种尝试。

爱与此有点相像。我们爱某些事物胜过爱别的事物。相应地，爱对意志施加的必然性也很少是绝对的。我们可能爱某物，但为了保护我们更爱的另外某物，我们还是会

去伤害它。因此，一个人完全有可能在某些情况下履行一种
行动，而在其他情况下不去履行它。例如，当一个人相信牺
牲自己的生命能够使他的祖国免于一场灾难性的伤害时，他
就会这样做，但这一事实并不因此就表明他不热爱生命；他
的牺牲也不表明当他相信这种牺牲所得甚微时他也能够让自
己自愿地接受死亡。即使由于痛苦而自杀的人一般来说也是
热爱生命的。毕竟他们真正想要放弃的是痛苦，而不是生命。

五

　　哲学家们一直希望对某些最终目的的无条件采纳会被
表明在某种程度上是理性的一种要求。但这是一种幻象。①

---

① 一切哲学家相信道德法则的最终根据在于理性。他们认为，道德法则必定具有
　严格的权威性，因为它们显明了理性自身的条件。这一点并不准确。违背道德
　而受到的指责远不同于因违背理性要求而受到的指责。我们对于不道德的人
　的态度亦不同于对胡思乱想的人的态度。显然，除了理性的重要性外，道德
　命令还包含一些其他的东西。我在由 M. Betzler 和 B.Guckes 主编的 *Autonomes
　Handeln: Beiträge zur Philosophie von Harry G. Frankfurt* (Akademie Verlag, 2000)
　一书中的 "Rationalism in Ethics" 这篇文章中着重讨论了这一点。

并没有一种逻辑的或理性的必然性指导我们去爱什么。我们爱什么是由人类生活的普遍要求以及那些更为特殊地从个人的品性和经验特征导出的其他的需要和利益来说明的。某物是不是我们爱的对象，既不能通过任何先天的方法，也不能通过对它的内在属性的考察得到决定性的评价。它只能相对于我们所爱的其他事物赋予我们的要求才能得到度量。对我们来说，这些要求最终是由生物的和其他自然的条件决定的，对此我们无须多说。[①]

因此，规范性的来源既不在于个人情感和欲望的短暂刺激，也不在于永恒不变的理性之严苛的无个性特征的要求。其根源在于爱的这种偶然的必然性。这些因素像情感和欲望一样驱使我们；但是爱所产生的动机并不纯粹是偶发的或他律的（用康德的术语）。毋宁说，就像纯粹理性的普遍法则一样，它们表达了某种属于我们最内在和最基本

---

① 或许这样说相当有道理：人们应当关心某些他们实际上并未关心的事物，只要这些事物事实上确实是他们所关心的。比如，如果我们假定人们关心一种安定满意的生活，那么我们就会被认为是在试图搞清楚那些人们所关心的事物无非是要获得一种安定和满足。正是通过这种方式，某种关于道德的"理性"基础方得以发展。

的本性的东西。然而，与理性的必然性不同，爱的那些必然性并不是非个人的。它们是由意志的结构所构成并植入在这种结构中的，而个人的特殊认同正是通过这种结构得到最具体的规定。

当然，爱常常是不稳定的。像任何自然状况一样，它易受环境影响。另外的情形总是可以想象的，而且其中的某些情形可能是有吸引力的。对我们来说，总是有可能想象自己爱着与目前所爱的不同的事物，并怀疑那是不是在某种意义上更胜一筹。然而，有更好的选项这种可能性并不意味着当我们全心全意地采纳和追求我们之所爱实际上赋予我们的最终目的时，我们的行为就是不负责任的任意妄为。那些目的并不是由浅薄的冲动或无故的约定所决定的，也不是由我们碰巧在此时或彼时发现有吸引力的或决定想要的东西所决定的。在我们爱什么的问题上约束我们的意志的必然性也许就像理性的更严格的必然性那样绝不屈服于个人的倾向或选择。我们爱什么并不是由我们说了算的。我们不得不说，我们的实践推理的方向事实上是受我们的爱为我们规定的特定的最终目的所支配的。不能用应受谴责的武断，也不能用故意的或无视的客观性的缺乏全然地指责我们，因为这些事情根本不是在我们直接控制之下的。

的确，它们有时是在我们间接控制下的。我们有时候能够创造条件，在这种条件下，我们会不再爱吾所爱，或者"移情别恋"。但是，假定我们的爱是如此全心全意，而且我们是如此满足于被它支配，以至于不可能让自己去改变它，即使改变的办法是有的。在那种情况下，所谓的选项其实并非真正的选项。有不同的爱是否会对我们更好，这是一个我们没有能力认真对待的问题。对我们来说，这个问题实际上不会有效地出现。

六

最终说来，我们愿意满足于爱我们实际上确实所爱的东西，这一点并不依赖于论证或证据的可靠性。它依赖于我们的自信。这并不是满足于我们的认知官能的范围和可靠性的问题，也不是相信我们的信息是充分的。它是一种更基本的和具有个人特征的自信。保证我们不含糊地承认我们的爱，并从而保证我们的最终目的之稳定性的，乃是我们具有对控制我们自己的意志特征之倾向和反应的自信。

正是通过我们意志的这些非自愿的倾向和反应，爱才被构成并驱动我们。而且，正是通过意志的这些同样的构成要素，我们的个人认同才得到最充分的表达和定义。一个人的意志的必然性指导和限制他的能动性。它们决定了他会愿欲什么，不得不做什么以及不去做什么。它们同样决定了他会愿意接受的行动理由，他不得不接受的行动理由以及不能接受的行动理由。它们以这些方式为他的实际生活确立了边界，而且由此确定了他作为一个积极的存在者形态。因此，他在因为认识到不得不去爱的东西时开始感受到的任何焦虑或不适都与他对自己作为一个人的品性之态度密切相关。那种纷乱只是他缺乏自信的征兆。

自信之所在的这种精神之诚实是会被我们所爱的各种事物间的无法消除的矛盾和冲突之压力打破的。那种失调破坏了意志的统一性并把我们置于自相矛盾的境地。我们所爱之范围内的对立意味着我们受制于既是无条件的又是不相容的要求。那使得我们不可能拟定一个稳定的意志过程。如果我们对甲的爱不可避免地和对乙的爱相冲突，我们会发现自己不可能做到表里如一。

尽管如此，有时，在我们的诸种爱所加诸我们的动机之间事实上并无冲突，因此在我们内部也并无任何对立的根源和所在。在那种情况下，我们在接受我们的爱所产生的动机上的任何不确定或勉为其难都是没有任何根据的。没有别的我们同样关心的或者对我们具有可相提并论的重要性的事物为犹豫和怀疑提供基础。相应地，我们仅仅通过采用某种人为的特定策略，就能够有意地鼓动自己去抵制爱的要求。那可能是任意的。另一方面，对一个人来说，接受一种他耳熟能详的爱的动机却不可能是一种不适当的任意，而且那是与他的意志的其他要求协调一致的，因为他并没有恰当的不那样做的根据。

七

仅仅因为我们爱它，我们所爱的事物就必然是对我们重要的。在这里还要提出一个不同的论点。对我们来说爱本身就是重要的。除了在我们所爱的各种事物中的利益，我们在爱本身之中有一种更一般的甚至是更基本的利益。

对此，父母之爱是一个清楚而常见的例子。除了我的孩子本身对我就是重要的这个事实，还有爱我的孩子本身就是对我重要的这个附加的事实。不管对他们的爱会给我带来什么样的负担和苦恼，当我开始爱他们时，我的生活就发生了显著的变化和改善。促使人们要孩子的一个因素恰恰就是这将丰富他们的生活这一预期，而之所以有这种丰富正是通过赋予他们更多爱的对象得以实现的。

为什么爱对我们如此重要？在假定其他条件相等的情况下，为什么一种其中有爱的生活——不管爱的是什么——要比其中一无所爱的生活好？对此的部分解释必定与拥有最终目的之于我们的重要性有关。我们需要那种我们认为值得为它们的自身之故而不是为其他事物追求的目标。

只要我们操心点儿什么，我们就使得各种事物对我们具有重要性了，也就是我们操心的事物，以及对实现它们不可或缺的手段。这种操心为我们提供了目标和抱负，并使我们有可能形成并非完全无的放矢的行动计划。换句话说，它使我们能够在一种最小的意义上理解有意义的行动，也就是理解为有某种目的的。然而，仅仅在这种非常有限的意义上有意义的行动不可能是充分地令人满意的。它甚至是不可能充分地被我们理解的。

　　亚里士多德注意到，除非"有一种我们为了其自身之故而追求的活动目的"，否则欲望就是"空洞的"。[①]因为实现某种目的有助于我们实现进一步的目的，因此前者对我们是重要的，仅仅看到这一点是不够的。如果除了帮助我们实现其他目标，我们的目标都没有任何重要性，我们就无法理解我们的所作所为。必定有"一种我们为了其自身之故而追求的活动目的"。否则我们的活动不管看上去多么有目的性，都将是无的放矢。这种活动永远不可能真正地满足我们，因为它总是未完成的。正因为它的目标总是一个开端或一种准备，所以它总是让我们停留在一种未完成的状态。这样，我们所履行的行动对我们来说就确实是空洞的，而且我们将会失去对自己所作所为的兴趣。

---

① *Nicomachean Ethics* 1094a18-21. 亚里士多德显然相信人们的一切目的到最后都会有一个单一的最终目的。这里，我仅仅意在指出这一更为质朴的看法，即认为一切事物必定趋向某个最终的目的。

八

为什么一种其中的活动虽然有局部目标但并无根本目的——有间接目标而无最终目的——的生活应当被认为是不可欲的，这是一个有趣的问题。为什么一种缺乏这种意义上的意义的生活必定是如此悲惨？我认为答案就在于，没有了最终目的，我们就会发现没有什么东西是真正重要的，不管是作为一种目的还是作为一种手段。每样事物对我们的重要性依赖于其他事物对我们的重要性。我们不可能真正明确地和无条件地操心任何事物。

只要我们弄清楚了这一点，我们就会认识到我们的意向和性情都是不确定的。于是对我们来说，让我们自己认真地和负责任地操控我们的意向和决策就变得不可能了。我们并不会去决意设计或维持我们的意志结构的任何特定的连续性。于是，我们与自己的相互联系（我们作为人的独特品性就存在于这种联系中）的一个主要方面就被切断了。我们的生活将是被动的、碎片化的而且特别令人沮丧的。即使我们能够继续维持些许积极的自我意识，我们也会有一种可怕的无聊。

无聊是一个严肃的问题。它并不是这样一种状态，就好像我们只是因为发现这种状态是不快乐的而去避免它。事实上，避免无聊是一种深刻的和迫切的人类需要。相较于仅仅勉强地体验到一种多多少少是不快乐的意识状态，我们对无聊的厌恶具有大得多的重要性。这种厌恶源于我们对一种可怕得多的威胁的感觉。

无聊的本质在于我们对正在发生的事情丧失了兴趣。我们一点儿也不操心它，它对我们没有任何重要性。这种情况的自然后果就是：我们保持专注的动机削弱了，而且又经受着精神活力的一种相应的减弱。按照其最典型和常见的表现，无聊引起注意力的敏锐性和稳定性的彻底的衰减。我们的心理能量和活动随之减少。我们对日常刺激的反应变得平淡和微弱。我们注意不到也不再作出意识内部的差异和区分。于是，我们的意识领域变得越来越同质。当无聊扩大并变得越来越具有支配性，它就意味着意识内部之重要区分的一种不断的递减。

在某种限度上，当意识领域已经变得完全无差别时，精神的活动或变化就停止了。意识的完全同质化就相当于意识经验的中止。换句话说，当我们无聊时就好像是睡着了。

我们感到无聊的程度的任何实质性的增长所威胁的正是心灵生活的连续性。因此，我们对于避免无聊的偏好所表明的不仅仅是对于或多或少是无关痛痒之烦闷的一种因果性的抵制。它所表达的是对于精神生存的一种相当原始的冲动。我认为把这种冲动解释成对于自我保存的普遍的、基本的、本能的一个变种乃是恰如其分的。然而，它只是在一种不常见的字面意义上才与我们通常所谓的"自我保存"联系在一起。这里所指定的并不是维持有机体的生命，而是自我的坚持和活力。

九

至少局部而言，实践推理所关心的是为达到我们的目标的有效的手段的设计。如果它要有一种恰如其分的牢固框架和基础，就必须植根于这样的目的，我们认为这种目的不仅仅是其他目的之手段。某些我们珍视的并基于其本身的原因而追求的事物，是必须有的。现在，就很容易理解为何有些事物会具有工具性的价值。那只是一个在促进一种特定目标之实现的因果上的有效性的问题。但是对我们来说，事物是怎样可能具有为实现进一步目标而独立于这些事物的用处之外的终极价值的？我们对终极目的的需要能够以何种可接受的方式实现？

我相信爱满足了这个需要。正是在爱某些事物（不管这是如何导致的）的过程中，我们开始与终极目的联系在一起，这种联系并不只是通过一种偶然的冲动或任性的选择而发生的。[①]爱是终极价值的发生源头。如果我们一无所爱，那么对我们来说，没有任何事物会具有任何确定的和内在的价值。我们就会发现没有任何事物会让自己不得不把它当作最终目的来接受。爱本身既蕴含着我们把爱的对象当作本身就是有价值的，也蕴含着我们无可选择而只能把那些对象当作我们的最终目的。因此，只要爱既是内在或终极价值的创造者又是重要性的创造者，它就是实践合理性的最终基础。

---

① 除了关心策略的制定外，实践理性还关心我们最终目的的设置。它通过考察我们之所爱来实现这一点。这就需要一种有意义的探究和分析。人们仅仅通过内省并不能确切地探知到自己的所爱，也无法保证那就是自己真正爱着的东西。爱是一种复杂的意志构造，无论是爱的人还是其他人都很难去辨识它。

　　当然也有许多哲学家持相反的主张，他们认为某些事物具有的内在价值完全独立于我们的任何主观状态或条件。他们坚持说，这种价值完全不依赖于我们的情感或我们的态度，也不依赖于我们的意志倾向和性情。然而，作为对于实践理性要怎样奠基这个问题的一种反应，这些哲学家的立场并不是真正可行的。这种立场之于那些争论的相关性由于它不能处理甚至是面对一个根本的问题而遭到了致命的削弱。

　　一个目标具有一种确定的内在价值，这个事实可以被认为蕴含着它有资格或值得作为一个终极目标来追求。然而，这显然并不意味着任何人有义务把它当作最终目的来追求；也不蕴含着，即使有了更强的假设，就可以说这种目标比任何其他目标具有更大的内在价值。一个人肯定一个特定的对象或事态具有内在的价值，并有相应的某种理由去选择它，这是一回事；但是肯定那个对象或那种事态对他来说或者应当是重要的，或者他应当为之操心、把它作为自己的一个目标，这就完全是另一回事了。有内在价值的目标有许多，并不一定哪个目标是某人特别感兴趣的。

　　事物具有独立的内在价值，这个主张并不能处理——

更不要说回答——一个人的最终目的是怎样恰当地确立的问题。即使这个主张是正确的，就是说，即使某些事物具有一种完全独立于主观考虑的价值，它也完全不能解释人们何以会选择他们所追求的目的。那个问题并非直接与内在价值有关，而是与重要性有关。就我所见，除非参照人们必定认为对自己重要的事物——如果有这种事物的话，否则就不可能令人满意地处理这个问题。换句话说，没有一种对于人们之所爱的解释，实践理性的最基本的问题就不可能得到解决。①

╋

有一个很有趣的特征，在以下两种关系之间有一种相似性：一是爱之于施爱者的重要性与其所爱之人的利益之

---

① 人们也许会争论说，对于某些事物人们在道德上有义务给予关切，并且这些义务不依赖于任何主观的考虑。但即便我们真的有这些义务，也仍然必须要确定满足它们对我们究竟有多重要。就实践推理而言，重要性这一问题——正如上章所指出的那样——比道德问题更加基本。

于他的重要性之间的关系，二是终极目的与实现这些目的之手段之间的关系。某件事情是实现某个终极目标的有效手段，这个事实通常被认为只蕴含着它具有一种工具性价值；而那种有效性有多大价值则被认为要依赖于它作为一种手段去促进的目的之价值。也常常有人假定，终极目的的价值无论如何并不依赖于使其实现成为可能的手段之价值。于是，手段之价值与其终极目的之价值之间的派生关系通常被理解为是不对称的：手段的价值来自目的之价值，但反之则不然。

对上述关系的这种解释似乎确实是无可置疑的，几乎可说是卑之无甚高论。不过它却是基于一种错误之上的。它假定了，一个终极目的仅凭着它是一个终极目的这个事实而必然具有的之于我们的唯一价值必定等同于当我们实现那个目的时所产生的那种事态之于我们的价值。然而事实上，这并没有穷尽我们的终极目的之于我们的重要性。这些终极目的必定是同样以另外的方式而有价值的。

我们的目标并不是仅仅因为我们珍视它们所设想的事态而对我们具有重要性的。只实现我们的终极目的对于我们是不重要的。具有终极目的对于我们也是重要的。这是因为，如果没有终极目的，对我们来说就没有任何重要的事要去做了。如果我们没有为了它们自身的缘故而去追求的目标，在我们从事的任何活动中就都没有任何有意义的目标了。换句话说，具有终极目的是有价值的，这乃是我们从事我们认为真正有价值的活动的一个不可或缺的条件。

类似地，有益的活动之于我们的价值绝不仅仅是工具性的。这是因为，从事一种矢志促进我们的目标的活动是对我们具有内在重要性的。我们需要有效率的工作，这既是基于它所针对的目标，也是基于它本身的缘故。除了我们刚好追求的目标之于我们的特殊重要性，做我们认为值得去做的事情对我们来说也是重要的。

于是结果就是，具有工具性价值的活动恰恰因为它是有用的，就必然也具有内在的价值。而且，基于同样的考虑，有内在价值的终极目的也正是凭着其作为实现做有价值的事情这个有内在价值的目标之根本条件而必然是有工具性价值的。尽管听上去有点荒唐，我们还是可以公平地说，终极目的之所以有工具性价值正是因为它们是最终有价值的，而实现最终目的的有效手段之所以有内在价值正是因为它们的工具性价值。

在爱之于我们的重要性和所爱之于我们的重要性的交
互关系中有一种类似的结构。正如手段从属于其目的，施
爱者的活动从属于其所爱之利益。而且，仅仅因为这种从
属关系，对我们而言，那种爱本身才是重要的。爱之内在
重要性正是由于爱之本质就在于专心致力于所爱者的幸福。
爱之于施爱者的价值来自于他献身于他之所爱。至于所爱
者的重要性，施爱者是基于他之所爱本身而操心它的。它
的幸福对于他具有内在的重要性。尽管如此，还有一点需
要补充的是，他之所爱对他来说必然有一种工具性价值恰
恰是因为它是他享受爱这个对象这种具有内在重要性之活
动的一个必要条件。

十一

这一点可能使得理解一个施爱者之于他之所爱的态度
怎么可能是完全超然的似乎变得困难起来了。毕竟，所爱
者为施爱者提供了实现对他具有内在重要性的一个目的，
在这里就是爱的一种根本条件。他之所爱使他有可能得到

那种爱所提供的利益，并避免一种他在其中一无所爱之生活的空洞。因此，施爱者似乎总是从其所爱中获益，而且因此在利用其所爱。于是，爱必定总是为个人利益服务的这一点难道还不清楚吗？怎样才能避免得出它绝不可能是完全无私的或无利害的这样的结论？

那个结论太匆忙了。考虑这样一个例子：一名男子向一名女子告白，他对她的爱赋予他的生活意义和价值。他说，对她的爱是唯一使生活值得一过的事情。这名女子不可能认为（假定她实际上相信这一点）这名男子对她的告白意味着他其实并不爱她，他操心她只是因为这种操心使他感觉良好。从他关于他对她的爱满足了他的生活的一种深度需要的告白看，她确实不会得出他是在利用她这样的结论。事实上，她会自然地认为他是在传达正好相反的信息。她会明白，他的告白意味着他珍视她本人，而不是仅仅把她作为实现他自己利益的一种手段。

当然，这个男人有可能是一个骗子。也有可能，虽然他相信自己的告白是真诚的，但他其实并不清楚他在说什么。尽管如此，还是让我们假定他对爱及其之于他的重要性的告白不但是真诚的而且是正确的。在那种情况下，从中得出他是在把这名女子作为实现其利益之手段这样的结论就是不正当的。爱她对他来说是如此重要，这一事实是与他全心全意地和无私地献身于她的利益完全一致的。爱她之于他的极度重要性不可能蕴含着他其实完全不爱她这种荒谬的结论。

　　一旦我们认识到合乎施爱者利益的正是他的无私，追求某人自己的利益与无私地献身于另一个人的利益之间的表面上的冲突就消失于无形了。不必说，只要他的爱是真的，爱所蕴含的东西就对他具有重要性。因此，只要爱对他是重要的，坚持自愿的态度——正是这种态度构成了爱——就必定对他具有重要性。现在看来，那些态度根本上就在于无私地操心所爱者的幸福。没有那种操心，就没有爱可言。相应地，只有当一个人无利害地为他所爱的人操心，而非基于他有可能不是从所爱者就是从这种爱得到的任何利益，他才会得到爱之利益。除非他把他的个人需要和抱负放在一边并专心致志于另一个人的利益，否则他就无法指望实现他自己在爱当中的利益。

　　有人怀疑，这会要求一种不合理的高尚的自我牺牲。但只要认识到就事情的本性而言，施爱者把自己认同于他的所爱，就能够消除任何这样的疑问。就凭着这种认同，保护所爱者的**利益**一定是施爱者之利益的题中应有之义。他之所爱的利益实际上并不在他的利益之外。它们也是他的利益。他完全不是与他之所爱的命运严格分离的，而是自己就会受到它们的影响。他实际上操心所爱者的利益，这个事实意味着，当这些利益得到维护时，他的生活就得到了改善；当那些利益被忽视时，他就受到了伤害。施爱者被投注在所爱者之中：一荣俱荣，一损俱损。只要他把自己投注在他之所爱中，而且以那种方式认同它，后者的利益就等于他自己的利益。因此，对施爱者来说，无私与自利若合符节，这无足惊奇。

十二

当然，施爱者对他所爱的任何东西的认同必定既是不严格的又是不容易得到完全理解的。他的利益与他所爱者的那些利益绝不可能完全是一回事，甚至它们是否完全相容都是不可预期的。不管他之所爱对他多么重要，它都不可能是唯一对他重要的事情。实际上，它不可能是他唯一所爱的。因此，在献身于他所爱者的幸福与关心他的其他利益之间通常有可能产生破坏性的冲突。

爱是冒险的。如果施爱者们为了满足一种爱对他们的要求而必须忽视另一种爱对他们的要求，或者如果他们之所爱境况不佳，他们通常就会深感苦恼。他们因此就必须小心翼翼。他们必须努力避免陷入那种对他们来说不可欲的爱。对于一个拥有无限力量使得它绝对可靠的无限的存在者来说，即使最任性的爱也是安全的。上帝无须谨小慎微，无须冒险，也无须出于审慎或焦虑放弃任何爱的机会。另一方面，对于我们当中那些天赋稍逊的人来说，我们对于爱的意愿就得是更为小心翼翼的和更为节制的。

按照某些解释，上帝的创造活动是通过一种完全没有穷尽的和不受抑制的爱而发动起来的。这种被看作完全无限制和无条件的爱驱使上帝想望一种存在的充盈，每一种可以被理解为爱之对象的事物都包含在其中。上帝想要多多益善的爱，他自然不害怕不明智的或不平常的爱。相应地，上帝想去创造的和爱的就是存在，形形色色的存在，以及尽可能多的存在。

说神圣的爱是无限的和无条件的，就等于说它是完全不分轩轾的。上帝爱每一物，不管它的特征或后果是什么。这就等于说，除了一种无边界或无尺度的无限任性的冲动，上帝的存在之爱在其中得以表达和完成的创造活动就别无动力了。因此，只要人们认为上帝之本质就是爱，他们就必须假定并不存在以任何方式限制可能性之完全最大化实现的神圣天意或目的。如果上帝就是爱，那么宇宙除了存在就别无目的。

当然，像我们这样有限的生物不可能承受我们如此漫不经心的爱。全能的行动者摆脱了一切被动性，谁都不能影响他们，所以他们无所畏惧。另一方面，我们的爱则带有根本的脆弱性。因此，我们需要有一种防御性的选择和节制。重要的是，我们在把爱给谁和什么对象的问题上，要小心翼翼。

我们对自己的爱缺乏直接的自愿控制，这一点是我们面对之危险的一个特定的来源。我们无法简单地通过作出关于我们自己的选择和决策来直接地和自由地决定爱什么和不爱什么，这个事实意味着我们通常容易多多少少无望地被爱所蕴含的必然性驱使。这些必然性会导致我们把自己不明智地投入进去。爱会把我们卷入到我们无法抽身的意志的承诺中，而我们的利益会由此受到严重的损害。

十三

　　虽然爱之约束力为我们加了风险，这种约束本身还是为爱之于我们的价值作出了重要贡献。在某种程度上，正是因为爱确实约束着我们的意志，我们才实际上珍视它。这似乎是不合理的，如果考虑到我们通常如此志满意得地认为自己首先献身于自由的价值的话。我们怎么可能令人信服地在宣称珍视自由的同时欢迎一种意味着对必然性之屈服的状态？然而，这里出现的冲突乃是表面上的。消除这种表象在于表面上是悖论性的实际却是真实的状况：爱借以约束意志的必然性本身却是一种解放性的力量。

　　在这一点上，爱与理性之间有一种惊人的和有启发的相似之处。合理性与爱的能力是人性之最有力的标志和最宝贵的特征。前者在我们的心智的运用中给予我们最权威的指导，而后者为我们的个人和社会行为提供了最有说服力的动机。两者都是我们身上最具人性和高贵的东西的来源，它们使我们的生活变得有尊严。现在看来特别值得注意的是，虽然两者都加给我们一种强有力的必然性，但两者都不包含我们对于无能或约束的任何理解。相反，它们都典型地伴有一种解放和提升的经验。当我们发现自己别无选择地接受逻辑的不可抗拒的要求，或者服从于爱的令人神魂颠倒的必然性时，我们的感受绝不是一种令人沮丧的消极情绪或局促感。在两种情况下——不管是遵循理性的要求还是服从心灵的呼声——我们都典型地意识到自我的一种令人鼓舞的解放和扩张。但是，通过被剥夺选择，我们却发现自己变得强大了，而且在某种程度上更少局限或更少限制了，这究竟怎样才是可能的？

对此的解释在于，意志的或理性的必然性的遭遇消除了不确定性。它因此缓和了自我怀疑的抑制和犹豫。当理性证明了事情的必然性，这就终止了我们关于要相信什么的任何不确定性。伯特兰·罗素在解释他早年从几何学研究中得到的满足时谈到了"数学确定性之宁静"。①数学确定性

---

① "My Mental Development," in The Philosophy of Bertrand Russell, ed. P. A. Schilpp (The Library of Living Philosophers, 1946), 7.

就像基于逻辑的或概念的必然真理的其他模式的确定性一样是宁静的，而这是因为它使我们摆脱在相信什么的问题上不得不与我们内部的不同倾向展开的争执。这个问题已经被解决了。我们不再需要心灵的纠结。只要我们是不确定的，我们就会踌躇不前。发现了事情的必然性必定能够使我们——实际上是要求我们——放弃当我们捉摸不定时强加给自己的使人软弱的束缚。那时就不再有对于全心全意的信念的任何羁绊了，没有什么能够阻挡一种坚定平静的信念。我们从优柔寡断的障碍中解脱出来，并给予自己一种坚定的赞同。

类似地，爱用来约束意志的必然性也终结了关于操心什么的不确定性。由于被我们的所爱吸引，我们就从选择和行动的障碍中解脱出来了，这种障碍要么在于没有终极目的，要么在于被不确定地吸引到一个方向和另一个方向。因此，会彻底损害我们的选择和行动能力的冷漠和不稳定的矛盾心理就需要得到克服。我们会不由自主地去爱，并因此不由自主地受所爱者的利益支配，这个事实有助于保证我们既不会漫无目的地混日子，也不会放弃对于一种有意义的行动方针的明确坚持。①

　　逻辑的要求和被爱者的需要代替了我们并不那么可靠地倾向的任何相反的偏好。一旦这些必然性的唯我独尊的统治已经确立，我们就不能再在操心什么和思虑什么的问题上自作主张了。我们在这个问题上就别无选择了。逻辑和爱规定了我们的认知和意志活动的指针，它们使得我们不可能为了我们碰巧发现有吸引力的其他目标而去控制我们的信念和意志之形成。

　　于是，情形似乎是，理性和爱之必然性是通过让我们摆脱自身从而把我们解放出来的。在某种意义上，那就是它们的作用。这种观念并无任何新颖之处。一个人可以通过服从超出他直接的意志控制的约束获得解放，这种可能性是我们的道德和宗教传统中的最古老和恒久的主题。但丁写道："在主的意志中，我们得到平静。"②在某种程度上，罗素所说的从发现理性对他的要求之后得到的宁静

---

① 这并非是说这一事实内在地保证了这种确定性，因为爱这一事实并未规定爱的程度——亦即无关乎我们爱一个对象比其他对象（它们彼此竞争以得到我们的关心）是多一点还是少一点。

② *Paradiso* 3.85.

显然相当于从内在的纷乱逃离，而这种内在的纷乱是其他人声称在把上帝的不可阻挠的意志接受为自己的意志之后所发现的。

十四

我已经主张，爱不必基于对其对象之价值的任何判断或知觉。认识到一个对象的价值并不是爱它的一个根本条件。当然，那种判断和知觉确实有可能引起爱。不过，爱同样可以由其他的方式引起。

另一方面，对于爱之风险和成本的敏感性的确常常会激发人们试图把他们爱上在他们眼中不是特别有价值的事物的可能性最小化。除非他们预期在这种爱中将会有对他们自己或者他们操心的任何其他东西相对较小的伤害，否则他们就不愿受这种爱的束缚。此外，他们自然倾向于避免消耗这种爱所要求的注意力和努力，除非他们认为让被爱者幸福是一件可欲的事。

而且，一个人的所爱暴露了关于他的某种重要的东西。

它反映了他的趣味和品格，或者被认为是这样的。人们常常基于自己操心的东西而被作出判断和评价。因此，自尊以及对于名声的关注就鼓励他们尽其所能地努力使他们所爱的东西是自己和他人认为有价值的。

一个人所爱的东西、或者他不爱的东西，可以算是他的名誉。它也可以让他丧失名誉：它也许表明了他有一种不良的道德品格，或者是浅薄的，或者是判断力拙劣的，或者是有某种其他缺陷的。爱的一个变种就是对自身的爱，这种爱是每个人都会有的，而且被广泛地当作为施爱者带来不良后果的，特别是如果它非常有力地支配了他的话。自爱的倾向也许并不是被普遍地谴责为彻底的不道德。尽管如此，它通常还是被藐视为相当无吸引力的和不值得特别尊重的。正派人都认为爱最好是用在正途上，而不是用在自己身上。

按照我已经给出的对爱的一般解释来考察，情况就不是这样。在下一章中，我将提出一种对于自爱的理解，这种理解支持一种对于自爱的与我已经刻画过的完全不同的态度。我将论证，去爱自己远非是证明了品格上的缺陷或者是懦弱的一种标志，而是一种严肃和成功的生活的最深刻和最根本的——而且绝不是最容易实现的——成就。

第三部分　亲亲自我

一

有些事情每个人都会操心，而这多半总是有益的。人们也许会普遍赞成人人都理应爱它们，而实际上这些事情中有很多几乎是所有人都会去爱的。差不多所有人都热爱生活，疼爱子女，与他人友爱相处等等，这些让我们深感慰藉。而我们也晓得，这些偏好多少有点泛滥的局面也不过是人的善良天性。毫无疑问，几乎每个人都被赋予那些他们视作正当而必需的东西。

然而，这一点确有例外。人们普遍认为自爱出于人的天性乃至多少有点不可避免，但人们也大都承认这一做法并非是一件好的事情。很多人相信，多数人身上这一自爱的倾向乃是人性当中的一颗毒瘤，尤其是当他们想到自爱的癖性既是人人具有的同时又是与生俱来的的时候。在他们看来，正是自爱使得人们无法充分而得体地（亦即无私地）献身于我们热爱的其他事物或有益于我们之爱的事物。他们认为，无论对于人们所关切的道德诉求还是非道德的善性与理想，自爱均是一块坚硬的绊脚石。这一关于我们深陷自爱之泥淖的指控时常被人们提起，而这也确乎被当成是横亘在生活中的一个几乎无法逾越的障碍。

二

康德便是其中之一，对这一假想中的自爱之无所不在的残酷制约，他尤为忧心忡忡。人类自爱的事实困扰着他，因为他将其视为制约道德进步的巨大障碍。在他看来，无论人们做什么，自爱几乎决定了其行为的动机不可能出于道德诉求。

在《道德形而上学基础》[①]第二章一开始，康德反省了此种境况，在他看来，人们实际上已经很难对一个人的所作所为是否拥有真正的道德价值作出确定的判断。我们对一个人是否真能恰当地被视为是有道德的始终踟蹰不已，而康德对此深感不安。搅扰他的困惑并非源于对在相关处境中我们识别那些道德法则上的行为的能力的质疑。对康德来说，这只是小菜一碟。真正严重的问题，如他所见，在于透过动机的重重迷雾为人们的行为给予正确的道德评价。

即使一个人的行为（这里还只是考虑其光明正大的行为）明显符合所有相关的道德要求，他是否抱着道德的意愿在行动则仍旧晦暗不明。的确，无论其行为本身看上去是多么地符合道德法则的要求，我们也无法给予他任何的道德信任。一个人完全出于其责任而行动，这一事实本身并不能确保他的行动是有道德价值的。简单地诉诸一个人的所作所为是无法获得这种保证的。需要仔细深究的是，究竟是什么促使某人如此这般地行动。

---

① 本文所有关于康德的引述均来自 Lewis White Beck 编撰并翻译的 *Immanuel Kant, Critique of Practical Reason and Other Writings in Moral Philosophy* (University of Chicago Press, 1949)。

康德认为，一个行为，当它仅是出自行动者自身欲求时，还不具有道德价值。倘若促使你行动的欲求即是那种仅出于你自身的理由而行动的意愿，那它与宽厚地为他人谋福或贪婪地为自己谋私无甚差别。无论哪种情形，关键之处在于你如此这般地行动仅仅是源于你碰巧倾向于此。

当然，慷慨大方的人要优于自私自利者，本性温顺宽厚的动物优于生性残暴者。这里，康德坚定地指出，这类基于人与动物之自然本性的反驳并不使得其中之一较之另外一个更具有道德的意义。在他看来，本性上慷慨行事的人并不比那些生性温顺善良的动物具有更多道德上的价值。

这里确实涉及康德的关键之点。为什么要对一个仅出于其自身的倾向——亦即他只是喜欢如此——而如此这般行动的人给予道德上的信任？肯定的一点是，追求个人的目的并非一定就是坏的。但是，几乎无法将一个人的行为符合其欲求的成功当成是一项高尚的道德成就。这里，康德提出了一个貌似正确的论断，即不能因为人们的偏好而将其视作是道德上值得称赞的。

根据他对此问题的阐述，只有一种方式可以赢获道德的信任：行正当之事因为它是正当的。他认为，只有自觉地符合道德要求的行为才具有道德价值。因此，为了根据某人的行动而给予其正确的道德评价，我们就必须要搞清楚他如此行动的动机之所在。

对康德而言，当然不仅仅只限于他，这是一项艰难的任务。困难之处在于准确地指出在某个时刻真正促使某人如此这般行动的东西。人的心理复杂曲折，而其行动之源则晦暗不清。无论关于他人还是自身之动机，我们都时常步入错误的境地。因此，我们绝少（即使偶尔有之）能确信某人仅出于义务而行动——换言之，他仅仅是遵从普遍道德律令之理性权威而行事，而非出于其他私人的倾向或欲求。

三

事实上，康德认为我们从未能够完全地确信这一点。首先，他认为"绝不可能借以经验在单个情形中获得完全的确定性"，人们完全出于义务而行动。道德考量绝不是促使一个人行动的唯一因素，其他的动机和意图总是发挥着一定的作用。此外，我们绝不可能完全排除这样的可能性，即正是这些额外的动因而非对责任的吁求绝大程度上影响着人们如此这般地行动。

有时，道德似乎一定发挥着决定性的作用。在一些偶然情形中，除了道德考量这一动因外，我们很难找到其他可以用来解释某个特定行动的原因。然而，即便如此，我们也很容易错过真实发生的东西。正如康德所警告的那样，"我们不可能确定地排除那种有时伪装成义务观念的自爱的驱使才是决定意志的真正原因"。人是复杂而神秘的。我们时常会看错他人，更别提能够避免关于我们自身的假象和谬误了。

康德并不愤世嫉俗，他想做个现实主义者。他的深思熟虑的判断是：一个"冷静的观察者……有时质疑在此世界中是否还能发现任何真正的美德"。就此而言，他并非是在冷嘲热讽，其关于人性的基本态度绝非是那种轻浮的蔑视。正如康德试图理解人类的立身之本，他渴望让人们看到怀疑的益处，但这有赖于某个要点。他说："出于对人类的爱，我情愿承认我们的大部分活动都出自我们的义务；但是，倘若对我们的思想和愿望仔细检视一番就会发现，自爱无所不在并且总是凸显出来，正是它引导着我们的行动，而非严格的义务命令（它经常要求自我的否定）。"

康德的意图很明显。他怀疑人们可以从个人欲求的泥淖中回过神来，或者能彻底地摆脱冷酷专横的自私自利。在他看来，正是对自身倾向的迷恋而非对道德的忠诚在很大程度上享有更高的优先地位，并且在人们的活动中发挥着决定性的影响。或许人们可以告诉自己（假定他们都是真诚的）至少在有些时候，其态度与行动是严格地服从义务指令的。然而，康德则质疑事实上他们总是服从于其欲求的压力的。正是这种自身的欲求，人们才会予以切实的关切。人们纠缠其中，它们始终主导着人们的活动。即使人们做出正确的行为，根本而言，那也是为了满足我们自己的欲望和野心，而非出于对道德法则的敬重。

四

在康德看来，自爱的萌动在人们的生活中是如此普遍，如此扣人心弦，乃至于人们不可能自觉地臣服于道德指令。这里，我并非要质疑康德的道德欲求这一观念，也不是要质疑其道德理论中的任何其他的要素。我无意去论证康德认为在道德欲求与个体欲望之间是势不两立的这一信念中所包含的错误。另一方面，我认为康德关于自我以及人们对自我之态度的思考始终未得到充分的关注。

康德因其强硬的道德苛求而著称于世。然而，必须要指出的是，在上述援引他的那些章节中，并未显示出他多么冷酷地对待人们的日常情感或人性一贯的软弱。的确，康德阴郁的口吻中带着一丝令人动容的悲伤，借由这种语气，他揭示出人性之天然的脆弱与自欺之焦渴的蠢动，而这些都是人们力图逃避的。

然而，即使康德对作为人性之枷锁的自爱的懊怨或许大体上显得情深意切，但问题在于这种懊怨的正当理由究竟何在？言尽于此，究竟是什么让我们的自爱秉性变得如此令人不堪？为何人们始终要视其为是一种令人悲哀或厌恶的东西，或是阻碍人们达至最为正当之目标的可怕的绊脚石？为何要将自爱视为人们追求正当生活的障碍？

毕竟，不是有位圣者告诉我们要爱人如爱己吗？他的道德威信比起康德来可要受人推崇得多呢。而这条律令听上去可不是要警告人们去抵制自爱，它既未宣称也未暗示人们应当爱他人而不要爱自己。的确，无论如何它都不是在主张自爱乃是德性之天敌或自爱是不体面的。恰恰相反，爱人如爱己这条神圣律令甚至包含了对自爱的某种积极的倡导，自爱乃是一种特殊的范例———一种范型或理想，人们应当借由它来规约自己的日常活动。

　　人们无疑会反驳说这条上帝律令的真正含义并非如此，这的确有点道理。或许，《圣经》告诫我们爱人如爱己，其真正的意图是想激励我们要以爱自己的同等程度去爱他人。按照这种说法，要紧之处仅仅在于人们应将在自爱中所展示的那种情深意切和全心全意同等地带到对他人的爱中。这样的自爱就其本身而言不再是一种范型，它仅是人们自爱的一种极其让人反胃的方式。

　　对此暂且不论，让我们再回到那种假定的存在于人们本性中的自爱中。我试图提出一种有关"自爱"的有别于康德的理解方式。而这将会为自爱的意义及价值提供某种全新的视角。

五

　　相对于康德那种对人们过分地亲近自身的惆怅，我对自爱的理解则大不一样。言及自爱之人，康德将他们视为主要是受满足其自身偏好和欲求的驱动，而这些偏好和欲求无论哪一个变得剧烈都会导致人们某个特定的行为。这些人并非如我所说的那样受自爱的驱动，他们对自身的关切与其说是出于自爱，还不如说是一种自我迷恋（self-indulgence），后者则是某种完全不同的东西。

　　爱与迷恋不只是两种不同的态度，而且二者还是势不两立的。明智的父母会把对孩子的疼爱和溺爱区分开来。他们对孩子的爱不是力求满足孩子所有的欲望。相反，他们的爱体现在对孩子来说是真正重要之物的关切上。换句话说，他们力求呵护孩子真正的兴趣。他们考虑的是孩子们需要什么，以便帮助孩子们实现这个目标。确切而言，正是因为爱自己的孩子，父母才不会完全按照孩子的意愿行事。

　　人们正是以同样的方式展示自爱的。也就是说，一个人通过呵护其真正的兴趣来展示这一点，甚至去满足那些强烈地驱使着他同时又逼迫他远离其目标的消极欲求。按照康德的观点，自身所期许的并非是那真正明智地爱着的对象，在乎的是自己冲动和欲望的满足。换言之，祈求的是某种迷恋。然而，人们并非借以自我迷恋来展示自爱。就像对孩子真正的爱一样，真正的自爱要求一种截然不同的殷切关怀。

六

那么，让我们再仔细地考察一下自爱的本质。与任何其他种类的爱相似，人类之爱主要包含四个概念上的必要特性。第一，它无私地关切被爱者的幸福。人不受任何私密意图的驱动，而是为被爱者谋福，就像为自己一样。第二，爱有别于其他的关怀形式，比如纯粹私人性的救济。人无法将其他个体拿来代替自己的所爱，不管二者之间是多么相似。被爱者是独一无二的，而非某类型中的一个样本。第三，人与被爱者彼此同一：亦即，他像关怀自己一样关怀所爱的人。因此，他的得失取决于那些关怀是否得到了足够的落实。第四，爱需要一种意志约束。它并非简单地依赖于人们的爱恨。爱不是一个选择的问题，而是受到那些外在于人们自主调控的诸条件的制约。

有了这些关于爱之特性的规定，很明显，尽管自爱的名誉是备受争议的，但在某种意义上它就是爱的一种最为纯粹的形式。读者可能会质疑这一点。声称自爱为最纯粹的爱之形式，这一论断为何不只是一种任意而不负责任的胡说呢？事实上，要阐明自爱的这一独特的纯粹性乃是一件很容易的事情。

当然，这一断言并非主张爱自己是特别高尚的事，也并非是要表明它很好地反映了一个人的品性。相反，自爱之所以较之其他形式的爱是更纯粹的，是由于在自爱的情形中爱才有可能是最为清澈纯净的。自爱的诸情形较之其他爱的方式要一致得多，换言之，它更接近于爱的本质。乍一听，自爱似乎是一种爱的堕落，它甚至根本算不上是一种真正的爱。然而，事实上，自爱尤为融洽地与那些借以规定爱之本质的必要条件相契合。

七

首先，毋庸置疑，当一个人爱自己时，爱与被爱合二为一，完美相融。无须赘言，这是因为一个爱自己的人，其给予自身与被爱的关怀是同一的。显然，一个人在这种自爱与所爱中获得的认同不再受制于其他形式的爱里必定包含的那种前后有别、飘摇无序或踯躅不定。

其次，更为明显的是，一个自爱之人必将自身视为是独一无二的，而非某个普遍类型之中的一个范例或样本。一个人无法将对自身的爱让渡给某个相同的代替者。或许一个男人可以同时同等程度地爱上两个女人，但我们无法想象一个人可以完全被另一个人所代替。这种相似性不足以让他像爱自己一样去爱他人。那些促使人们去爱自己的东西完全不同于人们所拥有的特性，后者可能在其他人身上也具备。

再次，自爱并非仅仅是脱离于人们的自主调控。较之爱其他的事物，人们更是在不经意间出于自身的本性而去爱自己。此外，人们的自爱倾向比其他形式的爱更能经得住考验，后者往往受制于间接的力量与运作。尽管这种自爱的倾向并非是完全不可抗拒的，但要战胜和克服它则是一件相当困难的事。自爱不同于爱别的事物，它并非源于或依赖于为人们的活动提供某种便利条件的外部原因。它植根于人们的本性，在很大程度上独立于任何偶然性。

最后，纯粹的自爱不受任何外部隐秘企图的干扰的影响。人们起初追求自身的幸福，因为他们期待这能为他们带来其他的益处。人们在自爱中有且只有出于自身的目的而谋取的幸福——这一点较之其他形式的爱要明显得多。把自爱说成是一种献身（selfless），这或许显得过于肉麻了。不过，将自爱视作是一种无私（disinterested）则是完全恰当的。在一种清晰的字面意义上，自爱仅仅关怀其所爱，就此而言，它的确是完全无私的。

八

为了阐明自爱的特性，我们不妨将父母对其小孩的类似的（尽管二者并不相同）纯粹的爱作为一个恰当的范型来加以讨论。父母之爱与自爱具有强烈的亲近性，其中包含很多重要的方面。二者之间这种密切的相似性或可归结为：在这两种爱的情形中，施爱者在本质上或多或少天然地与被爱相同一。

在自爱中，施爱者与被爱其各自的关怀并不冲突。父母与孩子之间那种特有的认同要更受限制，也更加不确定。不过，它通常是非常广泛而强烈的。毕竟孩子本来就源自其父母，而父母则在孩子出生很长一段时间内仍将其视为是自己机体的一部分。随着孩子离开父母，独闯天下，两者关系里的那种亲密与鲜活日渐消退。但是自此以后，父母的认同，其范围与强度是独一无二的。

自爱与父母对自己小孩的疼爱之间的相似性还体现在如下一点上，二者不仅对自己的所爱满含深情，而且它们通常不受任何外在目的或意图的驱使。父母对自己小孩的疼爱在某种程度上不带任何的保留，他们仅仅出于爱本身——这亦是人们典型地关怀自身的方式。两种情形均不会存在这样的现象，即施爱者在对被爱者的关怀与呵护中，还考虑到这种付出有助于为他带来某些额外的好处。

另一方面，人们其他形式的爱很少能像对孩子或自己那样是完全无私的。这一点，如果这里不说是植根于其的话，也经常混同于一种得到爱的回报的意愿，或是混同于希望得到其他的某些好处——比如友谊、情感和物质上的安全感、性满足、声望等。唯当被爱者是其孩子时，这种爱才会像不求任何回报的自爱那样从精打细算的私密企图中脱离出来。不可否认，父母有时候的确希望小孩有朝一日也爱他们，他们也会希望孩子将来能给予他们额外的回报。但是，这种希望通常是非常微弱的。至少当孩子还未长大时，父母们的这种希望一般显得很不起眼，他们也不会放在心上。由此，那种无所欲求的父母之爱和自爱均是一种特殊的爱，其中对被爱者的那种无私的关怀不仅仅是纯粹的，而且甚至完全不受任何其他好处的羁绊。

最后，父母之爱与自爱的相似性还体现在它们那种凝聚人心的强大力量上。不可否认，的确有一些不幸的小孩，父母根本不关心他们的幸福。也有一些天性冷漠、或是浑浑噩噩、或是走火入魔的家伙，他们也根本不关心自己。但这些毕竟是少数，而且，他们如此地与我们关于人性本质的基本期许相悖，以至于我们总是将他们看成是病态的。一个正常的人必会情不自禁地去爱自己的孩子，也必定会去爱自己。这种爱乃是出于一种天性。也许说它们是完全不可根除的，这也有点夸张。不过，我们的确希望它们是足够稳定的。当面对自己的孩子和自身时，我们几乎不会朝三暮四。

九

那么，自爱的特性究竟是什么？它以何种方式展示自身？它包含怎样的要求？就真正的自爱而言，它能达到何种程度？

当然，作为一种爱的范型，自爱与其他种类的爱并无差别。与所有的爱一样，其核心即在于因为爱，所以爱。他无私地关心呵护所爱之人真正操心的东西。而在自爱的情形中，被爱的对象就是他自己，人们在自爱中所关怀的乃是他们自身。

现在，就像任何真正的关怀一样，那些出自自爱的关怀受制于其所爱的对象，即人们之所爱决定了他们之关切。因此，就其核心而言，自爱纯粹是一种对其所爱之物无私

的关怀。①对于自爱之特性最为精辟的刻画可简单地这样来
说，一个爱自己的人通过爱其所爱来彰显这种爱。

按照这种理解，就不能将自爱的对象仅仅理解为是某
个单一的类型——亦即，将那些对象描述或刻画为一个
"自我"。人的自爱一定包含其他的东西，它们不能被想当
然地看成是其"自我"，它们切实地构成所爱的对象。通
常，人们不会将自爱看成是首要的，至少不会简单地按字
面意思来理解它。自爱必定源自或出于人们对不同于自身
的其他事物的爱。这样看来，将自爱视为是一种施爱者与
被爱者严格相同一的情形就似乎有些不妥。人们无法脱离
其他事物来爱自己。

这或许表明了自爱这一概念是如此地贫乏乃至于变得
毫无价值。它似乎仅仅是一种无意义的同语反复的产物。
考虑到对被爱者诉求的关切构成了爱之基本的必要元素和
所爱之物决定着人们的关切，因此人们对其自身的爱就仅
仅体现在对一些事物的投入上，不管它们是什么，均构成
了人们爱的对象。当然，倘若一个人实际上真的爱某物，

---

① 问题实际上没有那么简单，我们将在第十二小节看到这一点。

那么他必定已经献身于此。谈及一个人的自爱，由于它仅仅意味着这个人投身于其所爱之物，因而对于他献身于那些事物而言似乎并未添加任何东西。自爱因而便降格为某种关于所爱事物的爱。只要人们还会爱任何事物，那么他们就无法避免地要坠入自爱的深渊。如果　个人爱任何事物，他必定会爱自己。

＋

然而，这有点过于急躁了。可说的还很多，因为情况比上文所说过的要复杂得多。必须要考虑两类复杂性，它们实实在在地关乎对上述说明的补充或修正，也关乎最终对自爱的理解。

第一种复杂性源于如下命题：自爱本质上依赖于对事物的爱，除了人们言之凿凿的"自我"。的确，自爱并不着眼于任何这类对象。不过，必须要考虑到这一可能性的存在：即使某人实际上不爱任何事物，他事实上也会爱自己。

第二种复杂性源于这一命题：某人必定献身于任何其

所爱之物。显然，该命题在某种意义上只不过是一种同语反复。不过，人们依旧很难断定某人是否真的献身于其所爱的对象。这些困难源于如下事实：人们与自身相分裂，这在某种程度上导致人们无法确知什么是自己所爱的，什么是自己不爱的。

十一

无论自爱是否包含不同于其自身的其他对象，很明显的一点是，它并不要求人们确知这一点。人们的确总是在不经意间爱上某人或某物，也总是自以为爱上了什么东西，其实自己根本不爱。因此，人们爱自己，尽管他们并不确定（甚至完全忽视）自己所爱的对象。爱是一种意志的运作，后者多少由各种稳定的偏好和约束构成。这些偏好和约束并非用来要求或保证那些受制于它们的人能意识到自己。一个人可能并未意识到（甚至是相当确定地否认）这些偏好和约束在对其意向和行为的掌控中发挥着怎样的作用。

这种关乎一个人对其所爱的无知与差错并不妨碍他爱自己。想想父母有时候也并不清楚什么东西对孩子来说是真正重要的。的确，父母在判断孩子真正所关切的东西时往往铸成大错。但这并不能说明他们不爱自己的孩子。只有在我们确知他们无意了解孩子所关切的东西时，我们才能指责他们对孩子缺乏关爱。倘若父母认真地尝试了解对孩子而言什么是真正重要的东西，那么这已经相当有力地表明了他们对孩子的爱。只要父母真的试图了解孩子真正所关切之物，不管这种努力多么地失败无助，他们就是在爱自己的孩子。

自爱的情况同样如此。一个不知道其所爱因而也不清楚其真正所关怀之物的人，他也会通过努力来了解对自己真正重要的东西——了解他所爱之物及其爱之要求，以此来表明对自身的爱。这并未偏离"施爱者要设身处地为被爱着想"这一原则。关心被爱真正所关切的东西，这无疑要求施爱者必须抱着一种更加基本的欲求去正确地识别出那些被爱者的关切之物。为了遵从爱的律令，人们必须首先要了解什么东西受制于此种律令。

十二

有关上述第一种复杂性的一个更为困难的问题在于，一个人是否真的无法确知他到底爱不爱自己，除非（无论他了解与否）他已经爱着其他的事物。乍看上去，这显然表明人们对外物的爱的缺乏将妨碍他们去爱自己。如果爱本质上包含了对被爱者所关切之物的操心，那么很难想见，一个不爱任何事物的人是如何被别人和自己爱的。因为如果某人不爱任何事物，那么似乎就无法为那个爱他的人的关切找到一个能给予其关注的对象。似乎没有一种能表达对他的爱的方式。由于他不操心任何别人可能由衷地予以呵护的东西，爱他的人显然会变得无所适从。

然而，对父母之爱这一范例的重温则表明上述分析是过于简单化的。他们对孩子的爱不仅在于想要了解和支持他们真正的兴趣，而且还在于尽力确保孩子们怀有真正的兴趣。父母不希望自己的孩子无所事事，或者追逐某种单调乏味的东西从而使其生活显得支离破碎、空虚无聊。因此，他们对孩子幸福的操心就延伸至不但帮助他们学会爱而且还帮助他们找到自己的所爱（就此而言这一点或许是必要的）。这就表明，一个不爱任何事物的人，他仍能通过克服那些削弱其爱的能力的秉性以及尽力去追寻自己的所爱来显示对自身的爱。

想想一个人，他真诚地想要提高自己爱的能力，想要去爱更多的事物。再想想他是情不自禁地想要这么做，不抱任何隐秘的企图：他心平气静，不受意志的侵扰，对他来说，爱的重要仅仅在于爱本身。或许他被认为是绝情寡义或苟且营生之辈，但他渴望改善这种状况；或者他显得冷漠淡然，但他亦渴望能变得深情款款。在此两种情形下，将他倾其所能的这种操心当作是对其自爱的表达并不亚于将父母尽力帮助孩子发现爱视为他们爱的流露。

由此，自爱最基本的形式即是这种对爱的渴望。即是说，自爱在于人们渴望拥有某些属于自己的目标，并且无私地献身于它们，而不是仅仅出于一种功利的考量。当一个人渴望爱，他所想要的即是能够自信地为某个既定的目标付诸行动。没有这样的目标，行动就像亚里士多德所说的那样是"空洞而徒劳的（empty and vain）"。通过这些最终目标的设定（人们依其本身来评价它们，并且使得人们的行为不仅仅是出于自愿的），爱使得人们既避免了漫无

目的的游荡漂泊，又使其生活远离那些毫无目的的空虚徒
劳——后者缺乏确定的目标，人们在其中蝇营狗苟，无所
事事。换言之，爱使得人们能够全心全意地投入到有意义
的活动里。就自爱只是一种对爱的渴望而言，它纯然是想
要在我们的生活中能够获得意义。①

十三

　　上述第二种复杂性关乎如下可能性，即人们有时与自
身相分裂，在某种意义上，这就无法为人们爱什么和不爱
什么这一问题提供一个绝对而确定的答案。一个人可能真
的爱某个东西，但同时他又确实不想去爱它。正如我们所
说，他的一部分爱着它，而另一部分则不爱。他的某个部

---

① 就人们不可避免地会产生这种渴望而言，对爱的爱乃是我们的本性。就此而
　　言，爱天生对我们就是重要的，天然地存在于我们真正的关怀里。不过，或许
　　也可以说，不管我们喜欢（或关心）与否，爱对我们总是重要的，总是存在于
　　我们的关怀中。如果是这样，上述关于爱、重要性与关怀之关联的论述结构就
　　得作一些调整了。

分阻碍着这种爱，希望他对某个东西能绝情寡义。简言之，他处于一种游移不定（ambivalence）中。

为了克服冲突，使自己从那种矛盾中解脱出来，人们无需消除对抗的任何一方，甚至不必增强或削弱其中的任何一方。要摆脱它，人们只需最终明确地在冲突的双方中作出选择。由此，双方彼此力量的强度并未发生改变。但是，只要人们确定地作出了选择，他的意志就不再分裂，那种矛盾含糊也因此随之消失。他全心全意地站在了冲突的某一方，坚决地拒斥另一方。

这样一来，在某种意义上，这一人们从对抗中得以解脱的倾向——通过作出一个决定或以其他的方式——乃是一种对其自身的疏远和外化。它源自其意志的分裂，并因此变得彼此陌生。一旦实现这一点，他所包含的那种冲突就不再是现在这种异化的（alienated）倾向与某些相反倾向之间的简单对抗。这种对抗来自人自身，作为一个逐渐自行统一起来的人，他要力图抵制这种对抗的侵袭。如果该异化的倾向拥有强大的力量，那么它所征服的就不仅仅是某个与之相对的倾向，而是征服人自身。被击垮的是人自己，而非仅仅是人的某些倾向。

不过，在很多情形中，人往往无法一劳永逸地作出这种选择。他无法坚定地选择站在这些在其意志中彼此相对的倾向中的哪一方，无法最终决定是要支持爱的倾向，还是要支持那些破坏和瓦解爱的欲求。最终来说，他不晓得在这些相互冲突的力量中，他要青睐哪一个。对于他自身中某个与其他相悖的倾向，他不确定是要反抗它还是要接纳它。

在这种情况下，他就将自己碎片化了。他的意志游移不定，将他带至一种自相矛盾和混沌不堪的境地中。他遭受着一种彻底的混乱，其意志踟蹰飘摇，因而无力引导自己。只要他无法摆脱这一使其分裂的冲突，因而无法统一自己的意志，他就始终疏离于自身。

以他对某个女人含混的爱恋为例。一部分的他爱着她，而另一部分的他则阻碍着这种爱；对这两种相悖的倾向，他显得踟蹰不定。①这时，对他来说，爱自己即是爱任何他所爱之物。但是，由于他不确定对她的那份爱，将自己置

---

① 这不同于如下情形，即他对是否爱她的迟疑不决归结为他不确定对她的实际的倾向和态度这一问题。准确判别某人心理状况的要素有别于摆脱某种心理冲突这一问题。

于对这种爱的抗争之下，因而使他纠结于是否真的爱她。由此，他陷入一种优柔寡断中。关于他是否真的爱她，没有一个清晰无疑的最终真相，也没有一个直接可断的确定事实。相应地，他是否爱自己也显得扑朔迷离。正如他对这个女人的爱，他对自身的爱同样含糊不定。对他自己就像对她一样，坠入一种彻彻底底的模棱两可中。[①]

十四

自我怀疑是近代哲学之源头，也是其活力源泉的一个重要部分。在过去的三四百年里，哲学家们通过对自身的系统怀疑——亦即关于他们认知与道德能力的怀疑——确保并培育了他们举世无双的智性追求与硕果累累的探查研究。除此之外，个体还承受了漫长的自我怀疑，而这一般

---

① 就像父母通过操心孩子所关切的东西来展示他们的爱一样，这个人通过对摆脱关于这个女人的那种矛盾含混的关切从而来展示对自身的爱。就此而言，某人或许可以声称他的自爱包含着在其有生之年想要使他爱自己成为可能（或者说，想要扩展对自己的爱，假定他已经坚定不移地爱着某些东西）。

来说，在塑造我们文化特性的过程中产生了深远的影响。当下，毋庸置喙，某种极端的游移不定损害并腐蚀着人们生活的活力与旨趣，甚至比笛卡尔及其后继者强加于其自身的那种怀疑的强制更为严重紧迫。

无须赘言，这个游移不定是个老掉牙的故事。它并非始于近代。很久以来，人类各种彼此分裂的意志相互抗争，并且它们与自身相异化。圣奥古斯丁将其视为一种病态，他毕生想极力摆脱这种游移不定。对此，他这样刻画道：

"灵魂（mind）命令自己意愿什么……，但它不是全心全意地发出命令，才会令出不行。如果全心全意发出命令，则即无此命令，意愿亦已存在……因此，意志的游移并非怪事，而是灵魂的病态……因此可见我们有双重意志，双方都不完整，一个有余，则一个不足。"①

圣奥古斯丁认为，上帝出于原罪的缘由，将这种病态的游移不定连同它所包含的惶恐与不满一道强加于人们。在他看来，或许正缘于此，"人们遭受着隐秘的惩罚，而悔恨之阴沉的阴影也吞噬着亚当的子民。"抱着这种想法，他

—————————

① 《忏悔录》，卷八，第九节。

主张只有上帝的神圣干预才能使人们摆脱那种分裂从而进入意志统一的状态。

如果游移不定是灵魂的一种疾病，那么其健康就要求一种意志的统一。亦即，灵魂的健康——至少就它的意志能力而言——在于一种全心全意（wholehearted），它意味着拥有统一的意志。一个全心全意的人完全投身于他所操心和关切的事物。对于自己彼此冲突的倾向或偏好，他的选择从不迟疑。对于他所关切的，他所爱的，他一向坚定不移，从无保留。因此，他与决定其最终目标的意志构造的同一性既不受制于他物，也不取决于他物。①

这种全心全意的品格意味着在对待自身的态度上不再犹疑不决。他自身不再有一个抗拒他爱其所爱的部分——一个与他相同一的部分。对其所爱，他不再踟蹰不定。由于他全心全意地关切对其重要之物，他也就可以被正当地看作是全心全意地关切着自身。换言之，就其全心全意地爱他物而言，他也毫无保留地爱自己。这种毫无保留的自爱

---

① 值得一提的是，全心全意并非指一种灵魂的封闭。一个全心全意的人绝非是偏执狂。没有条件知道自己立场的人，也会做好准备为改变那个立场给予认真的关注。自信有别于偏执和愚钝。

包含了，或者确切地说，由他统一意志的全心全意所构成。

十五

全心全意即是去爱自己，二者合二为一。克尔凯郭尔以这样一个毋庸置喙的表达作为一本书的标题《清心志于一事》（*Purity of heart is to will one thing*）。就字面来说，这并不准确。一个人仅专注于一物并非是纯洁，他仅仅是一个单一灵魂（single-minded）。人们心灵的纯洁程度并非取决于他们专注于多少事物，而是取决于他们专注的方式。需要考虑的是专注的品格——即它的整全性（integrity），而非其对象的数量。

人们无法通过不断压缩专注的范围来获得心灵的纯洁。一个人心灵的纯洁在于他意志的统一并且因而保持一种整全。正如克尔凯郭尔所坚定地指出的，纯洁在于一种全心全意。一个全心全意的人，他的意志不会发生分裂，或者对抗他。他不受制于任何这样的东西。就其意志纯粹属于其自身而言，他的心灵是纯洁的。

这样，自爱就包含一种专注意志的纯洁。但这又能怎样呢？人们凭什么要关心这种全心全意或者渴求它？人们应当对纯洁给予特别的关心究竟基于什么？为什么我们要将自爱视作是可欲的和重要的？那种纯正与统一的意志究竟好在哪里？

我们承认统一意志的一个理由在于，各种分裂的意志天然地包含一种自我瓦解（self-defeating）。行为中的意志分裂相应于思想里的自相矛盾。一个自相矛盾的信念要求人们在接受一个判断的同时又否定它。因此，它保证了一种认知上的失败。与此类似，意志的冲突通过促使人们同时以彼此相悖的方式行动，从而扼杀了行为的有效性。因此，专注性的缺乏乃是一种无理性，它影响人们的日常生活并导致其支离破碎。

出于同样的原因，人们享有这种统一意志的内在和谐，即是获得了一种根本的自由。就其自爱而言——亦即他是全心全意的——他不会抵制自身意志的任何运作。他不会反抗自身，不会反对或阻碍其自身的实践推理以及任何其自爱所包含的活动。在爱其所爱中，至少就他自己不会抵制或干扰这种爱而言，他是自由的。

因此，自爱不仅在意志理性之结构的塑造中，而且也在这一意志确保此结构的自由模式里，均发挥着一定的作用。于我们而言，自爱是可欲的也是重要的，因为它多少也是对我们的满足。与之等同的这种自我满足不是一种沾沾自喜的得意，它并非是有价值的东西或是我们的抱负得以实现时的那种感受。相反，它是一种我们自愿接纳自身意志的同一性时的状态。我们满足于最终的目标，满足于那使得我们的意志得到深层统一的爱。①

十六

人们或许会争论说由于这般自爱不包含什么实质的内

---

① 在斯宾诺莎看来，自爱或自我满足"乃是人们所能渴望的最高级的东西"（《伦理学》，第四章，52 节）。这不是说自爱或自我满足足够使人们获得幸福，也不意味着它们能充分地保证生活的美满。毕竟，自我满足并不排除事情达不到预期时带来的失望和沮丧，它包含了要人们认识到即便是作出破釜沉舟的努力也依然无济于事，以及这种坏运所带来的不幸。因此，还有其他一些好东西值得人们去追求：更大的权力、更多的才能、更好的运气等。自我满足并不意味着生活的满足。不过，或许斯宾诺莎是对的。自爱也许是一切事物中最为"高级"或最重要的。

容，因而它不具有任何确切而根本的价值。毕竟，全心全意仅仅是一种关乎意志统一或整全的结构特征。这缘于它并不决定任何实际的意志倾向和趋势，也不会指明人们要爱的特定对象。此外，自爱本身对于道德和非道德价值保持中立，它不包含评价向度。一个人爱自己即在于他全身心地爱任何事物，他所爱之物的价值无关乎他是否全心全意地爱着它。

这就使得一个人全身心地去爱那些毫无价值的、坏的、邪恶的东西成为可能。人们有时会极力表明要平心静气并且坚定不移地爱这样的东西是不可能的。很多哲学家和宗教思想家们希望并且力图阐明意志不可避免地要与自身发生冲突，除非它受到道德的引导和规约。倘若果真如他们所言，那就意味着只有良善意志（good will）才能真正全心全意地加以待之。

然而，事实上，他们的论证并不令人信服。在我看来，他们的论证方案确实毫无希望可言。全心全意不仅可以容忍一些道德上的瑕疵，甚至还与那些可怕的无可救药的邪恶之物彼此相容。无论自爱多么地有价值，多么地重要，它都不可能保证哪怕是一丁点的公正。一个爱自己的人，

他的生活可能因其全心全意而令人钦羡（enviable），但它
或许并不是值得赞扬的（admirable）。爱的功能不是让人们
变得良善。它仅仅使人们的生活变得有意义，从而帮助他
们使其生活朝着对自身有益的方向发展。

十七

　　获得全心全意绝非易事，自我满足也非唾手可得。人
们的敏感多疑使得他们对自身之所爱踟蹰不决。圣奥古斯
丁不仅将这种自爱之途的坎坷视为是与生俱有的，而且还
认为这是上帝所赋予人的。因此，他不认为能通过什么魔
法来克服这一点。就我自己的观察来看，一些人天生就趋
于这种全心全意，而另一些人则不；而且，我不认为人们
能够过分地依赖于遗传和其他一些幸运方式来获得某种实
质程度上的全心全意。或许，比起圣奥古斯丁将此问题归
为神圣律令时所考虑的东西，这里未免走得有点远了。无
论如何，很明显的一点是，人们引导自身趋向自爱并未比
趋向于爱他物获得更多的东西。

那么，倘若所说的一切就绪，人们却还是不爱自己呢？如果人们无法克服那些横亘在通向全心全意之路上的疑虑和困难，并且仍然无法实现自爱，这又当如何是好？早在本书开始的章节中，我就提及过人与动物之间一个重要的差别就在于后者没有反思能力。动物不会追问其赖以存在的基础，不会追问自身；它们并不关心自己是什么或者自己是谁。换言之，它们不会严肃地对待自己。另一方面，人则能够严肃地对待自己，并且时常这样做。由此，人们当然也就会对自身产生不满。

或许人们不必过分严苛地对待自身。在快要结束之际，我想谈谈自己和一位女士（她是一位秘书而非职业哲学家）之间的对话，她办公的地点离我不远。我不是很了解她，并且仅仅是出于偶然才得以相识。但她很漂亮，我那时也还未婚，有一天我们以较往常略微私人的方式攀谈起来。在交谈过程中，她说在她看来，对于一种亲密关系显得重要的东西无非有两个：真诚和幽默感。这话震撼到了我，至少一开始是这样，尽管这听起来很平常。然而就在我回应她之际，她紧接着说出了一番少见的古怪论调。

"你知道，"她说，"我对真诚并不是真的确信无疑。毕

竟，即使人们告诉你真理，他们也会很快地改变自己的主
意，而你无论如何根本来不及跟上他们。"

　　所以，我要在这里提出一点忠告。这么说吧，无论你
怎样地殚精竭虑，你都无法做到全心全意。你发现我们不可
能克服那种游移不定，无法摆脱那种彷徨无措。倘若你最终
明确地意识到自己将永远承受这种压抑和自我否定，将永远
无法完全实现自身所追求的东西。如果真正的自爱对你而言
是不可能的，那么至少也要将你的幽默感坚持下去。

致谢

2000 年，我在普林斯顿大学的"Romanell-Phi Beta Kappa 讲座"举办了以"一些关于规范、爱以及生活之目标的思考"为题的讲座。2001 年，我又在伦敦大学学院的"Shearman 讲座"举办了同样的讲座。本书即是这些讲座的修订版。

译后记

忘记是 2006 年还是 2007 年了，因为有了"拟议"中的普林斯顿之行，我忽然兴起，"拍脑袋"形成了一个小型出版计划，题为"普林斯顿人文价值系列"，并"信笔"刻画其题旨云：

遴选现于普大人文研究领域任教的著名学者的代表性著作，组织国内相应领域的优秀译者共举译事。一方面意在见微知著，从知识社会学的层面展示一个第一流的智识共同体的学术风貌；另一方面旨在尝试一种新颖的译丛组织形式（"辽教"曾经出版"牛津精选"和"剑桥集萃"，但那只是同一出版社的出版物而非同一大学的学者的著作）。而其更重要的关切则在于通过包括本译丛在内的持续努力，为后现代犬儒主义和前现代蒙昧主义双重夹击下的中文学术界切近、平实了解 20 世纪晚期英语哲学提供可靠的范本和媒介。

"蓝图"已然绘就，"博览书名"且似乎对书名之中译颇具某种特别的"敏感性"（例如我曾经把 NYU 哲学家 Peter Unger 的 *Living High and Letting Die* 一书中译为"朱门酒肉臭，路有冻死骨"，把 John Mackie 的名著 *Ethics: Inventing Right and Wrong* 的副标题译为"无事生非"）的这位总序先生就同样凭着"拍脑袋""拍"出了他曾在"别处""晾晒过"的拟纳入这个系列的十种书目，这其中就包括读者目前见到的普林斯顿老牌哲学家 Harry Frankfurt 的这个小册子。

我的普林斯顿之行在经过一番波折后算是敲定落实了，但这个出版计划却可谓出师不利，严搏非先生在把我的访问邀请人 Philip Pettit 的著作《巧取豪夺》列入我同时提出的"共和译丛"后，对其他的书可就"不管不顾"了——系列中的其他书目似乎由此就处于"无家可归"的境地了。所幸的是，经过其时在浙江大学出版社启真馆"支援"工作的王长刚编辑的努力，得到王志毅先生的支持，以我为"选题顾问"，在该社先后翻译出版了 Harry Frankfurt 的《事关己者》和 Michael Smith 的《道德问题》，并"照例"产生了良好的反响；遗憾的是，同时列入出版计划并说好由我承担译事的《爱之理由》一书却因为我个人的原因一直未能交稿，并且已经给出版社造成了某种损失，这是我深感不安并要表示歉意的。

所以我要特别感谢贺敏年君，如果不是他放下手中的工作慷慨地施以援手，这个小书的中译本恐怕真是要与我们"缘悭一面"了。译文的具体分工是，我翻译第一、二部分的正文，贺君翻译第三部分、第一部分的全部注释以及第二部分的大部分注释。①尤其值得指出的是，贺君理解

①　实际情况交代起来还真有点儿复杂和饶舌：由于年深日久，加以时断时续，我只清晰地记得自己完成了第一部分正文的翻译，并顺利地从电脑上找到了自己的译稿，因此这一部分留给贺君的工作就是通读译稿并补译注释；我依稀记得自己大致完成了第二部分并译了第三部分的开头数节，但最初电脑上却只能找到第二部分的前四节，于是为了保险起见，我让贺君先译出第三部分，自己再看看能否找到第二部分的译稿；遗憾的是，一直到贺君译完第二部分其余部分，我才从电脑的某个角落中找出自己已经完成的第二部分的译文！当我把这个情况如实告诉贺君，并让他在对两种译文进行比较后决定使用哪种时，他建议我使用自己的译文，理由是这样更容易保持译稿风格和术语的一致性！

力超卓不凡，做事细致认真，文笔清通畅达——不无"夸张"地说，我仿佛从他身上看到了自己年轻时的影子，只是他看上去似乎要比我那时候还更"成熟"，而且似乎也更有"才情"！另外亦可在此"昭告天下"的是，从今秋开始，贺君将来到启真湖畔，在我名下攻读博士学位。长远来说，我当然是希望他"青出于蓝"；眼下而言，我也对于能够以这种方式提前"开启"我们的"师生缘"而深感欣慰。

　　虽然似水流年，遑论"木已成舟"，而"能由我来改善它的时光也已经逝去了"，我此刻还是想起了当年坐在能够"俯瞰"普大出版社那幢小楼的普大工学院图书馆的那个窗口时心中所涌起的"遐思"：要是能在这样的情景下翻译完一部眼前这个出版社出版的眼下这所大学的某位哲学家的著作，那不也是一件挺"美妙"的事吗？时隔多年，等我就要进入"老大徒悲伤"的行列时，才明白过来，与我的那些"少怀大志"、"目标明确"而又意志坚强到如"钢铁战士"般的可敬的同事和朋友们相比，我的"志向"的确不可谓"高远"，我的"意志力"更是"低下"至少是"退化"得可以，然则与我们的生命体验紧密相关的那些记忆确实永远只是与我们生活中那些重要的场景紧密相关

的，于是此刻我眼前也还是浮现出了当年准备普林斯顿之
行时的场景：我在玉泉旧居斗室那逼仄的空间中一边在电
脑上处理各式出国文件，一边用在朋友建议下"配置"的
清华同方那款名为"真爱"的小音响播放着许巍的《蓝莲
花》——记得当时有一位学生曾感叹："应老师您还听许
巍？！"我"淡定"回说："我当年还听张楚哩！"的确，
无论是生命之诞生的源头，还是生命之赓续的动力，都无
一不与本书之主题"爱"有关。不过，既然我已经在这
里说出了歌手和歌名，大概已足可"消除"可能会在读者
诸君中产生的"误会"了——Anyway，所有我提及的这
些场景中的"爱"都只关乎"自由"，凡此种种，或可为
Charles Taylor 所谓"为自由找到场景"进"别一解"吧，
谁知道呢。

应 奇

2014 年 4 月底于紫金港

图书在版编目（CIP）数据

爱之理由 /（美）法兰克福著；应奇，贺敏年译. —杭州：
浙江大学出版社，2015.8
书名原文：The Reasons of Love
ISBN 978-7-308-14825-2

Ⅰ. ①爱… Ⅱ. ①法… ②应… ③贺… Ⅲ. ①爱情-
通俗读物 Ⅳ. ① C913.1 49

中国版本图书馆CIP数据核字（2015）第149383号

爱之理由

[美] 哈里·G.法兰克福 著 应奇 贺敏年 译

责任编辑	杨苏晓
文字编辑	张 扬
营销编辑	李嘉慧
出版发行	浙江大学出版社
	（杭州天目山路148号 邮政编码310007）
	（网址：http:// www.zjupress.com）
制 作	北京大观世纪文化传媒有限公司
印 刷	北京天宇万达印刷有限公司
开 本	635mm×965mm 1/16
印 张	9
字 数	69千
版 印 次	2015年8月第1版 2015年8月第1次印刷
书 号	ISBN 978-7-308-14825-2
定 价	35.00元